行政诉讼文书样式

（试行）

最高人民法院行政审判庭　编

人民法院出版社

图书在版编目（CIP）数据

行政诉讼文书样式：试行/最高人民法院行政审判庭编．
—北京：人民法院出版社，2015．5
ISBN 978-7-5109-1230-6

Ⅰ．①行…　Ⅱ．①最…　Ⅲ．①行政诉讼法-法律文书
-中国　Ⅳ．①D926.13

中国版本图书馆 CIP 数据核字（2015）第 100213 号

行政诉讼文书样式（试行）

最高人民法院行政审判庭　**编**

责任编辑　范春雪　姜峤　肖瑾璟　丁丽娜
出版发行　人民法院出版社
地　　址　北京市东城区东交民巷 27 号（100745）
电　　话　（010）67550525（责任编辑）　67550558（发行部查询）
65223677（读者服务部）
客服 QQ　2092078039
网　　址　http://www.courtbook.com.cn
E-mail　courtpress@sohu.com
印　　刷　保定市中画美凯印刷有限公司
经　　销　新华书店

开　　本　787×1092 毫米　1/16
字　　数　396 千字
印　　张　22.75
版　　次　2015 年 5 月第 1 版　2025 年 8 月第 7 次印刷
书　　号　ISBN 978-7-5109-1230-6
定　　价　75.00 元

编者的话

诉讼文书是诉讼参与人和人民法院进行诉讼活动的重要载体。2014年修改后的行政诉讼法在立案、审理和执行等方面创设了许多新制度、新规定，为确保新行政诉讼法的贯彻实施，最高人民法院又制定下发了《关于适用〈中华人民共和国行政诉讼法〉若干问题的解释》。为全面贯彻修改后的行政诉讼法及其司法解释的规定，进一步规范和完善行政诉讼文书制作，不断提高行政审判工作水平，最高人民法院研究制定了《行政诉讼文书样式（试行)》，现汇集成书，供各级人民法院审判工作参考使用。

新样式共分两大部分：第一部分是法院制作的文书，其中又分别包括法院对当事人制作的文书，主要有判决类（含调解）文书、裁定类文书、决定类文书、通知类文书等共96个；还包括法院内部制作的文书，如各种内部报告类、函件类文书等共14个。第二部分是指导当事人诉讼行为的文书，主要包括起诉状、答辩状、上诉状、再审申请书等，共22个。

与原有样式相比，新样式有以下几个特点：第一，更加强调以审判为中心，重视通过证据交换和庭前准备程序发现并确定当事人无争议和有争议的问题，以便让其后的审理和裁判文书制作紧密围绕争议问题，重点突出；第二，更加强调裁判文书的论理性和可读性，注重文书撰写的繁简得当，重视文书对法理问题和争议问题的阐述分析；第三，更加强调文书规范化和个性化的统一，在确保裁判文书基本要素完整、主要结构规范的同时，也注意兼顾为各级人民法院和法官个人对文书的发展续造预留空间。新样式在格式方面也有一些创新，比如要求所有的判决书都要以附录方式载明所适用的相关法律依据，以当事人看得见、听得懂、能理解的方式实现司法公正。同时，为了适应修改后行政诉讼法的新规定，新增了一审行政协议类行政案件用判决书、复议机关作共同被告类一审行政案件用判决书、行政调解书、简易程序转普通程序行政裁定书以及对规范性文件提出处理建议用的处理建议书等。

需要指出的是，本样式只是提供一个基本模式，供大家在实践中参考。文书所必需的基本要素虽不可或缺，但也不必拘泥于样式，限缩发展创新的空间。由于时间和水平所限，文书样式难免有疏漏和不当之处，特别是由于法律规范的修订，相关文书样式可能无法完全满足需要。希望大家在参照本样式过程中对存在的缺点和问题，以及解决问题的建议和意见，及时向本书编写组反映，以便我们在今后的修订过程中，择善而从。

2015 年 4 月 30 日

目　录

行政诉讼文书样式1：行政判决书

（一审请求撤销、变更行政行为类案件用）

××××人民法院
行政判决书

（一审请求撤销、变更行政行为类案件用）

（××××）×行初字第××号

原告×××，……（写明姓名或名称等基本情况）。

法定代表人×××，……（写明姓名、职务）。

委托代理人（或指定代理人、法定代理人）×××，……（写明姓名等基本情况）。

被告×××，……（写明行政主体名称和所在地址）。

法定代表人×××，……（写明姓名、职务）。

委托代理人×××，……（写明姓名等基本情况）。

第三人×××，……（写明姓名或名称等基本情况）。

法定代表人×××，……（写明姓名、职务）。

委托代理人（或指定代理人、法定代理人）×××，……（写明姓名等基本情况）。

原告×××不服被告×××（行政主体名称）……（行政行为），于××××年××月××日向本院提起行政诉讼。本院于××××年××月××日立案后，于××××年××月××日向被告送达了起诉状副本及应诉通知书。本院依法组成合议庭，于××××年××月××日公开（或不公开）开庭审理了本案。……（写明到庭参加庭审活动的当事人、行政机关负责人、诉讼代理人、证人、鉴定人、勘验人和翻译人员等）到庭参加诉讼。……（写明发生的其他重要程序活动，如：被批准延长本案审理期限等情况）。本案现已审理终结。

被告×××（行政主体名称）于××××年××月××日作出……（被诉行政行为名称），……（简要写明被诉行政行为认定的主要事实、定性依据和处理结果）。

原告×××诉称，……（写明原告的诉讼请求、主要理由以及原告提供的证据、依据等）。

被告×××辩称，……（写明被告的答辩请求及主要理由。）

被告×××向本院提交了以下证据、依据：1.……（证据的名称及内容等）；2.……。

第三人×××述称，……（写明第三人的意见、主要理由以及第三人提供的证据、依据等）。

本院依法调取了以下证据：……（写明证据名称及证明目的）。

经庭审质证（或庭前交换证据、庭前准备会议），……（写明当事人的质证意见）。

本院对上述证据认证如下：……（写明法院的认证意见和理由）。

经审理查明，……（写明法院查明的事实。可以区分写明当事人无争议的事实和有争议但经法院审查确认的事实）。

本院认为，……（写明法院判决的理由）。依照……（写明判决依据的行政诉讼法以及相关司法解释的条、款、项、目）的规定，判决如下：

……（写明判决结果）。

……（写明诉讼费用的负担）。

如不服本判决，可以在判决书送达之日起十五日内向本院递交上诉状，并按对方当事人的人数提出副本，上诉于××××人民法院。

审判长×××
审判员×××
审判员×××

××××年××月××日
（院印）

本件与原本核对无异

书记员×××

附：本判决适用的相关法律依据

【说明】

一、本判决书适用于《中华人民共和国行政诉讼法》第六十九条、第七十条、第七十七条等规定的情形。其他裁判文书可以参照本判决书式样和要求制作。

二、首部

首部应依次写明标题、案号、当事人及其诉讼代理人的基本情况，以及案件由来、审判组织和开庭审理过程等。

1. 标题中的法院名称，一般应与院印的文字一致，但基层法院应冠以省、市、自治区的名称。

2. 案号是不同案件的序列编号，应贯彻一案一号的原则。案号由立案年度、制作法院、案件性质、审判程序的代字和案件顺序号组成。例如，上海市黄浦区人民法院2014年第1号一审行政案件，表述为“（2014）黄行初字第1号”。

3. 提起行政诉讼的原告包括公民、法人或者其他组织。

原告是公民的，写明姓名、性别、出生年月日、居民身份证号码、民族和住址，居民的住址应写住所地，住所地和经常居住地不一致的，写经常居住地。原告是法人的，写明法人的名称和所在地址，并另起一行列项写明法定代表人及其姓名和职务等。原告是不具备法人资格的其他组织的，写明其名称或字号和所在地址，并另起一行写明负责人及其姓名和职务。原告是个体工商户的，写明业主的姓名、出生年月日、居民身份证号码、民族、住址；起有字号的，在其姓名之后用括号注明“系……（字号）业主”。原告是无诉讼行为能力的公民，除写明原告本人的基本情况外，还应列项写明其法定代理人或指定代理人的姓名、住址，并在姓名后括注其与原告的关系。

群体诉讼案件，推选或指定诉讼代表人的，在原告身份事项之后写明“原告暨诉讼代表人……”，并写明诉讼代表人的基本情况，格式与原告基本情况相同。如涉及原告人数众多的，可在首部仅列明诉讼代表人基本情况，原告名单及其基本身份情况可列入判决书附录部分。

4. 行政判决书中的被告，应写明被诉的行政主体名称、所在地址；另起一行列项写明法定代表人或诉讼代表人姓名和职务；副职负责人出庭的在此不要列写，在交待到庭参加庭审活动的当事人及其他诉讼参加人情况时载明。法定代表人项下，另起一行列写委托代理人的基本事项。

5. 有第三人参加诉讼的，第三人列在被告之后，第三人基本情况的写法同上。

6. 委托代理人系律师或基层法律服务工作者的，只写明其姓名、工作单位和职务。当事人的代理人系当事人的近亲属的，应在代理人的姓名后括注其与当事人的关系。

代理人系当事人所在社区、单位以及有关社会团体推荐的公民的，应写明代理人的姓名、性别、出生年月日、居民身份证号码、民族、工作单位和住址。上述代理人应符合《最高人民法院关于适用〈中华人民共和国民事诉讼法〉的解释》第八十七条第一款的规定。

7. 书写案件由来、审判组织、被告与第三人的应诉、当事人进行证据交换情况以及开庭审理过程，是为了表明法院的审判活动公开和透明。如有第三人参加诉讼，可选择使用："因×××与本案被诉行政行为或与案件处理有利害关系，本院依法通知其为第三人参加诉讼（公民、法人或者其他组织申请作为第三人参加诉讼的写：因×××与本案被诉行政行为有利害关系，经×××申请，本院依法准许其为第三人参加诉讼）"的格式。如当事人经合法传唤无正当理由未到庭的，应当写明："×告×××经本院合法传唤，无正当理由拒不到庭"。进行证据交换或召开庭前会议的应写明："本院于××××年××月××日组织原、被告及第三人进行了证据交换（或召开庭前会议），并送达了证据清单副本"。如有被批准延长审理期限情况，应写明批准延长审理期限批复的文号。不公开开庭审理的，应写明不予公开的理由。有关程序活动可根据时间节点的先后顺序写明。

三、事实

广义的案件"事实"部分由以下几个部分组成：行政行为的叙述部分、当事人诉辩意见部分、当事人举证、质证和法庭认证部分、法庭"经审理查明"部分。这些不同的部分既可以互相独立，自成段落；也可以根据案情和证据、事实和当事人争议的具体内容，互相融合，而无需使用此固定的相互独立样式。特别是要灵活区分当事人有争议的事实和无争议的事实；事实问题是当事人争议焦点的，也可采取灵活方式处理，留待"本院认为"部分再予认定。

这一部分写法应当注意以下问题：

1. 行政行为的叙述部分应当注意详略得当。一般应当写明行政行为认定的主要事实、定性依据以及处理结果等核心内容，通过简洁的表述说明案件的诉讼标的；行政行为内容较为简单的，也可以全文引用；行政行为理由表述有歧义，被告在答辩中已经予以明确的，也可以被告明确后的理由为准。

2. 当事人诉辩意见与当事人提供的证据的撰写次序应当注意逻辑关系，因案而定。证据部分的撰写应当注意以下几个方面：

（1）一般情况下，写明当事人的诉辩意见后，即可写明其提供的相关证据。如果当事人提供的证据有较强的关联性，合并叙述更有利于综合反映案件证据情况的，也可酌情将当事人的证据合并叙述。总之，对证据的列举可以结合案情，既可以分别逐一列举证据，写明证据的名称、内容以及证明目的；也可以综合分类列举证据，并归纳证明目的。当事人提供的证据浩繁的，也可以概括说明。

（2）对于当事人超过法定举证期限提供的证据，人民法院予以采纳的，应当列明于判决并说明理由。对法院根据原告、第三人的申请调取的证据，可以作为原告、第三人提交的证据予以载明；对法院依职权调取的证据，则应当单独予以说明。当事人在法定期限内未提交证据的，应当予以说明。对于当事人在诉讼中申请调取证据，法院决定不予调取的，应当在判决书中予以记载；申请调取的证据较多，难以一一列举的，也可以概括说明。对于根据原告（或者第三人、被告）的申请，委托鉴定部门进行鉴定的，需写明鉴定部门、鉴定事项和鉴定结论以及当事人的意见。

3. 当事人的诉辩意见部分，既要尊重当事人原意，也要注意归纳总结；既避免照抄起诉状、答辩状或者第三人的陈述，又不宜删减当事人的理由要点。对于原告、被告以及第三人诉讼请求的记载，应当准确、完整。

4. “经庭审质证”和“认证如下”部分，应当注意因案而异、繁简得当。既可以一证一质一认，也可以按不同分类综合举证、质证和认证。对于当事人无争议的证据或者与案件明显无关联的证据，可以通过归纳概括等方式简要写明当事人的质证意见；对于证据浩繁的案件，可以归纳概括当事人的主要质证意见。法院对证据的认证意见应当明确，对于当事人有争议的证据，特别是对行政行为的合法性有影响的证据，应当写明采纳或者不予采纳的理由。案件的争议主要集中在事实问题的，也可将对证据的具体质证、认证意见与案件的争议焦点结合起来，置于“本院认为”部分论述。

5. “经审理查明”部分需要注意：（1）生效裁判文书确认的事实一般具有法定的证明力，因此事实部分应当准确、清晰。认定的事实应当是法官基于全案的证据能够形成内心确信的事实；通过推定确认事实必须要有依据，符合证据法则。（2）事实的叙述可以根据具体案情采用时间顺序，也可以灵活采用其他叙述方式，以能够逻辑清晰地反映案件情况为原则。

(3) 避免事无巨细的罗列，或者简单地记流水账，应当结合案件的争议焦点等，做到繁简适当，与案件裁判结果无关的事实，可以不认定。(4) 可以根据具体案情以及争议焦点，采取灵活多样的方式记载案件事实。比如，必要时可以摘抄证据内容；对于内容繁杂的，也可以在事实部分采用指引证据目录或证据名称等方式予以说明。(5) 要通过组织当事人庭前交换证据或召开庭前会议等方式，及时确定当事人无争议的案件事实，发现当事人有争议的事实和法律适用等。根据《中华人民共和国民事诉讼法》相关规定和法释〔2015〕5号《最高人民法院关于适用〈中华人民共和国民事诉讼法〉的解释》第二百二十五条等规定，根据案件具体情况，庭前会议可以包括下列内容：①明确原告的诉讼请求和被告的答辩意见；②审查处理当事人增加、变更诉讼请求的申请和提出的反诉，以及第三人提出的与本案有关的诉讼请求；③根据当事人的申请决定调查收集证据，委托鉴定，要求当事人提供证据，进行勘验，进行证据保全；④组织交换证据；⑤归纳争议焦点；⑥进行调解。因此，如果庭审前经过证据交换或者庭前会议，或者在庭审辩论时当事人对合议庭归纳的无争议事实均认可，那么事实部分可以分为两个层次：一是写“对以下事实，各方当事人均无异议，本院依法予以确认”；二是“本院另认定以下事实”，主要写当事人可能有异议、本院依法认定的案件事实。

6. 表述案件事实，应注意保守国家秘密，保护当事人的商业秘密和个人隐私。

四、理由

“本院认为”部分应当注意主次分明，重点突出、详略得当。理由部分要根据查明的事实和有关法律、法规和法学理论，就行政主体所作的行政行为是否合法、原告的诉讼请求是否成立等进行分析论证，阐明判决的理由。对于争议焦点，应当详细论述；对于无争议的部分，可以简写。阐述理由时，应当注意加强对法律规定以及相关法理的阐释，除非法律规定十分明确，一般应当避免援引规定就直接给出结论的简单论述方式。

原告请求对行政行为所依据的规范性文件一并进行合法性审查的，在对规范性文件进行审查后，应依照行政诉讼法及司法解释的规定，对规范性文件的合法性以及能否作为认定被诉行政行为合法性的依据予以阐明。

根据案件的不同需要，“本院认为”部分在援引法律依据时，既可以写明整个条文的内容，也可以摘抄与案件相关的内容；条文内容较多的，也可以只援引法律条款，将具体内容附在判决书的附录部分，兼顾表述的准确性和文书的可读性。对于在理由部分已经论述过的实体法律规范，在

“判决如下”前可以不再重复援引。直接作为判决结果依据的法律规范，一般应当按照先行政诉讼法、后司法解释的次序排列，并写明具体规定的条、款、项、目。

五、判决结果

判决结果是人民法院对当事人之间的行政争议作出的实体处理结论。根据行政诉讼法第六十九条、第七十条、第七十七条等的规定，一审请求撤销、变更行政行为类判决可分为驳回诉讼请求判决、撤销或者部分撤销判决、变更判决等情形。

第一，驳回原告诉讼请求的，写：

“驳回原告×××的诉讼请求。”

第二，撤销被诉行政行为的，写：

“一、撤销被告×××（行政主体名称）作出的（××××）……字第×××号……（行政行为名称）；

二、责令被告×××（行政主体名称）在××日内重新作出行政行为（不需要重作的，此项不写；不宜限定期限的，期限不写）。”

第三，部分撤销被诉行政行为的，写：

“一、撤销被告×××（行政主体名称）作出的（××××）……字第××号……（行政行为名称）的第××项，即……（写明撤销的具体内容）；

二、责令被告×××（行政主体名称）在××日内重新作出行政行为（不需要重作的，此项不写；不宜限定期限的，期限不写）；

三、驳回原告×××的其他诉讼请求。”

第四，根据行政诉讼法第七十七条的规定，判决变更行政行为的，写：

“变更被告×××（行政主体名称）作出的（××××）……字第××号……（写明行政行为内容或者具体项），改为……（写明变更内容）。”

六、尾部

尾部应依次写明诉讼费用的负担，交代上诉的权利、方法、期限和上诉审法院，合议庭成员署名，判决日期、书记员署名等内容。

判决书的正本，应由书记员在判决日期的左下方、书记员署名的左上方加盖“本件与原本核对无异”字样的印戳。

七、附录

根据案件的不同需要，可将判决书中的有关内容载入附录部分，如：将判决书中所提到的法律规范条文附上，以供当事人全面了解有关法律规定的内容。一般应当按照先实体法律规范，后程序法律规范；先上位法律规范，后下位法律规范；先法律，后司法解释等次序排列，并按 1、2、3、4 序号列明。另外，群体诉讼案件中原告名单及其身份情况、知识产权案件中的图案等均可以列入此部分。

行政诉讼文书样式2：行政判决书

（一审请求履行法定职责类案件用）

××××人民法院

行政判决书

（一审请求履行法定职责类案件用）

（××××）×行初字第××号

原告×××，……（写明姓名或名称等基本情况）。

法定代表人×××，……（写明姓名、职务）。

委托代理人（或指定代理人、法定代理人）×××，……（写明姓名等基本情况）。

被告×××，……（写明行政主体名称和所在地址）。

法定代表人×××，……（写明姓名、职务）。

委托代理人×××，……（写明姓名等基本情况）。

第三人×××，……（写明姓名或名称等基本情况）。

法定代表人×××，……（写明姓名、职务）。

委托代理人（或指定代理人、法定代理人）×××，……（写明姓名等基本情况）。

原告×××因认为被告×××（行政主体名称）……（写明不履行法定职责的案由），于××××年××月××日向本院提起行政诉讼。本院于××××年××月××日立案后，于××××年××月××日向被告送达了起诉状副本及应诉通知书。本院依法组成合议庭，于××××年××月××日公开（或不公开）开庭审理了本案。……（写明到庭参加庭审活动的当事人、行政机关负责人、诉讼代理人、证人、鉴定人、勘验人和翻译人员等）到庭参加诉讼。……（写明发生的其他重要程序活动，如：被批准延长本案审理期限等情况）。本案现已审理终结。

第一，针对原告的履行法定职责的请求，被告已经作出拒绝性决定的案件，可写：

××××年××月××日，原告×××向被告×××提出申请（写明申请的内容），被告×××于××××年××月××日对原告×××作出××号××决定（或其他名称），……（简要写明拒绝性决定认定的主要理由和处理结果）。

第二，针对原告的履行法定职责的请求，被告不予答复的案件，可写：

原告×××于××××年××月××日向被告×××提出……（写明申请内容）。被告在原告起诉之前未作出处理决定（当事人对原告是否提出过申请或者被告是否作出处理有争议的，或者属于行政机关应当依职权履行法定职责的情形，不写）。

原告×××诉称，……（写明原告的诉讼请求、主要理由以及原告提供的证据、依据等）。

被告×××辩称，……（写明被告的答辩请求及主要理由）。

被告×××向本院提交了以下证据、依据：1. ……（证据的名称及内容等）；2. ……。

第三人×××述称，……（写明第三人的意见、主要理由以及第三人提供的证据、依据等）。

本院依法调取了以下证据：……（写明证据名称及证明目的）。

经庭审质证（或庭前交换证据、庭前准备会议），……（写明当事人的质证意见）。

本院对上述证据认证如下：……（写明法院的认证意见和理由）。

经审理查明，……（写明法院查明的事实。可以区分写明当事人无争议的事实和有争议但经法院审查确认的事实）。

本院认为，……（写明法院判决的理由）。依照……（写明判决依据的行政诉讼法以及相关司法解释的条、款、项、目）的规定，判决如下：

……（写明判决结果）。

……（写明诉讼费用的负担）。

如不服本判决，可以在判决书送达之日起十五日内向本院递交上诉状，并按对方当事人的人数提出副本，上诉于××××人民法院。

审判长×××

审判员×××

审判员×××

××××年××月××日

（院印）

本件与原本核对无异

书记员×××

附：本判决适用的相关法律依据

【说明】

一、本判决书适用于《中华人民共和国行政诉讼法》第七十二条等规定的情形。

二、判决书的首部、尾部（包括附录部分）和正文中有关证据的列举、认证、说理方式以及相关的写作要求等，可参考一审请求撤销、变更行政行为类判决书样式及其说明。

三、“本院认为”部分应当注意履行法定职责类案件的审理重点。(1)履行法定职责类案件的重点是原告请求行政机关履行法定职责的请求能否成立，行政机关针对原告的申请已经作出拒绝性决定的，案件的审查范围当然包含但不限于拒绝性决定的合法性。(2) 判决书应当基于法院根据案件的已有的全部证据所能够确认的事实，以及相关法律依据，分析论述原告的请求能否成立，一般不限于原告、被告或者第三人的诉辩理由。(3)应当注意案件裁判的成熟性，对于行政机关已经没有任何判断和裁量空间的案件，法院可以直接判决行政机关作出原告请求的特定法定职责。如果行政机关尚需要另行调查或者仍有判断、裁量空间的，则应当判决行政机关针对原告的请求重新作出处理，避免当事人错误理解裁判主文，防止重复诉讼，及时化解争议。同时，应当在“本院认为”部分适当论述或者说明裁判的意见和观点。

四、判决结果。

1. 对于行政机关已经作出拒绝性决定，原告的诉讼请求中未明确请求判决撤销，但法院判决行政机关履行原告请求的特定法定职责或者判决行政机关就原告的请求重新作出处理的，法院可以根据具体案情，遵循有利于明确法律关系的原则，酌情依职权一并判决撤销拒绝性决定。原告的诉讼请求中明确请求判决撤销的，一般应当在判决结果中判决撤销拒绝性决定。

2. 行政机关尚需要另行调查或者仍有判断、裁量空间的案件，法院责令行政机关针对原告的请求重新作出处理的，对于行政机关能否履行职责的具体内容实质上法院尚未作出判断，对于原告相应的诉讼请求也就没有作出最终的裁判，因此应当注意在判决结果中不要采用“驳回原告其他诉讼请求”等表述。

3. 原告请求履行法定职责的请求不成立，但行政机关存在违法情形且应当确认违法的，应当在确认违法的同时，判决驳回原告的其他诉讼请求。

4. 原告请求履行法定职责的请求成立，但行政机关已经无法履行或者履行已无实际意义的，应当判决确认行政机关不履行法定职责违法，并酌情责令行政机关采取相应的补救措施。

5. 根据行政诉讼法第七十二条等的规定，履行法定职责类案件的判决结果分为以下四种情况：

第一，判决驳回原告诉讼请求的，写：

“驳回原告×××的诉讼请求。”

第二，判决被告履行法定职责的，写：

“一、撤销被告×××（行政主体名称）作出的（××××）……字第××号……（行政行为名称），即……（写明撤销的具体内容；无拒绝性决定的，该项不写）。

二、责令被告×××在××日内（法律有明确规定履行职责期限的，也可写为“在法定期限内”；不宜限定期限的，也可不写）作出……（写明履行法定职责的具体内容）。”

第三，判决被告针对原告的请求重新作出处理的，写：

“一、撤销被告×××（行政主体名称）作出的（××××）……字第××号……（行政行为名称），即……（写明撤销的具体内容；无拒绝性决定的，该项不写）。

二、责令被告×××（行政主体名称）在××日内（法律有明确规定履行职责期限的，也可写为“在法定期限内”；不宜限定期限的，也可不写）……（可写对原告的申请重新作出处理，也可将原告的申请予以精炼概括并写明原告申请的内容）。”

第四，原告的请求成立，但行政机关已经无法履行或者履行已无实际意义的，写：

“一、确认被告（行政主体名称）不履行……（应当履行的法定职责内容）违法；

二、责令被告×××在××日内（不宜限定期限的，也可不写）……（写明补救措施的内容，无法采取补救措施的，该项可不写）。”

第五，原告的请求不成立，但行政机关有违法情形依法应当确认违法的，写：

“一、确认被告×××（行政主体名称）……违法；

二、驳回原告×××的诉讼请求（需要判决驳回原告诉讼请求的，予以写明）。”

行政诉讼文书样式3：行政判决书

（一审请求给付类案件用）

××××人民法院
行政判决书

（一审请求给付类案件用）

（××××）×行初字第××号

原告×××，……（写明姓名或名称等基本情况）。

法定代表人×××，……（写明姓名、职务）。

委托代理人（或指定代理人、法定代理人）×××，……（写明姓名等基本情况）。

被告×××，……（写明行政主体名称和所在地址）。

法定代表人×××，……（写明姓名、职务）。

委托代理人×××，……（写明姓名等基本情况）。

第三人×××，……（写明姓名或名称等基本情况）。

法定代表人×××，……（写明姓名、职务）。

委托代理人（或指定代理人、法定代理人）×××，……（写明姓名等基本情况）。

原告×××因要求被告×××（行政主体名称）履行（写明具体给付义务），于××××年××月××日向本院提起行政诉讼。本院于××××年××月××日立案后，于××××年××月××日向被告送达了起诉状副本及应诉通知书。本院依法组成合议庭，于××××年××月××日公开（或不公开）开庭审理了本案。……（写明到庭的当事人、行政机关负责人、诉讼代理人、证人、鉴定人、勘验人和翻译人员等）到庭参加诉讼。……（写明发生的其他重要程序活动，如：被批准延长本案审理期限等情况）。本案现已审理终结。

原告×××于××××年××月××日向被告×××提出……申请。被告在原告起诉之前未履行给付义务［写明具体义务，或者写于××××

年××月××日对原告作出×号（拒绝给付）决定（或其他名称）]。

原告×××诉称，……（写明原告的诉讼请求、主要理由以及原告提供的证据、依据等）。

被告×××辩称，……（写明被告的答辩请求及主要理由）。

被告×××向本院提交了以下证据、依据：1. ……（证据的名称及内容等）；2. ……。

第三人×××述称，……（写明第三人的意见、主要理由以及第三人提供的证据、依据等）。

本院依法调取了以下证据：……（写明证据名称及证明目的）。

经庭审质证（或庭前交换证据、庭前准备会议），……（写明当事人的质证意见）。

本院对上述证据认证如下：……（写明法院的认证意见和理由）。

经审理查明，……（写明法院查明的事实。可以区分写明当事人无争议的事实和有争议但经法院审查确认的事实）。

本院认为，……（写明法院判决的理由）。依照……（写明判决依据的行政诉讼法以及相关司法解释的条、款、项、目）的规定，判决如下：

……（写明判决结果）。

……（写明诉讼费用的负担）。

如不服本判决，可以在判决书送达之日起十五日内向本院递交上诉状，并按对方当事人的人数提出副本，上诉于××××人民法院。

审判长×××
审判员×××
审判员×××

××××年××月××日
（院印）

本件与原本核对无异

书记员×××

附：本判决适用的相关法律依据

【说明】

一、本判决书适用于《中华人民共和国行政诉讼法》第七十三条规定的情形。

二、判决书的首部、尾部（包括附录部分）和正文中有关证据的列举、认证、说理方式以及相关的写作要求等，可参考一审请求履行法定职责类案件判决书样式及其说明。

三、行政给付类案件的审理对当事人双方的举证要求与请求撤销、变更行政行为类案件有所区别，判决书应有所体现。原告应提供其已经向被诉行政机关提出申请的事实以及被诉行政机关不履行给付义务或者拒绝履行给付义务的证据和依据。被告应提供证据证明原告的申请事项是否属于其法定职责或者法定义务，其是否在法定期限内已经履行给付义务以及其不履行给付或者拒绝给付是否符合法律规定等。判决书要围绕行政实体法预先设定的有关条件，结合案件查明的事实，进行充分说理、论证，最后明确被告不履行给付或者拒绝给付是否合法，原告申请是否成立。

四、“本院认为”部分应当结合给付判决的特点，注意以下问题：1. 写明应当适用的法律规范，并根据案情对法律、司法解释、行政法规、地方性法规及合法有效的规章等作必要阐释。2. 可根据案情分析被告是否具有法定职权，是否存在未履行给付义务或者作出拒绝给付决定情况。3. 分析原告申请的理由是否成立，确认原告的诉讼请求是否符合法定条件，阐明是否予以支持的理由。

五、判决结果

判决结果，可分为以下四种情况：

第一，判决驳回原告要求给付的诉讼请求的，写：

“驳回原告×××的诉讼请求。”

第二，判决被告履行给付义务的，写：

“责令被告×××（行政主体名称）……（写明被告应当在一定期限内履行给付义务的具体内容、方式及期限；因特殊情况难于确定的，可判决被告在一定期限内针对原告的请求作出处理；原告申请依法履行返还财产、排除妨碍、停止侵害、恢复原状等给付义务且无需被告再行作出处理的，可直接写明上述内容）。”

第三，判决撤销拒绝给付决定的同时，判决被告履行给付义务的，写：

“一、撤销被告×××（行政主体名称）于××××年××月××日对原告作出×号拒绝决定（或其他名称）；

二、责令被告×××（行政主体名称）……（写明被告应当在一定期限内履行给付义务的具体内容、方式及期限；因特殊情况难于确定的，可判决被告在一定期限内针对原告的请求作出处理；原告申请依法履行返还财产、排除妨碍、停止侵害、恢复原状等给付义务且无需被告再行作出处理的，可直接写明上述内容）。”

第四，判决确认被告不履行给付义务行为或者于××××年××月××日对原告作出×号拒绝给付决定（或其他名称）违法的，写：

“确认被告×××（行政主体名称）……（不履行给付义务或者拒绝给付的决定）违法。”

第五，其他情形，可以照一审请求履行法定职责类判决结果。

行政诉讼文书样式4：行政判决书
（一审请求确认违法或无效类案件用）

××××人民法院
行政判决书
（一审请求确认违法或无效类案件用）

（××××）×行初字第××号

原告×××，……（写明姓名或名称等基本情况）。

法定代表人×××，……（写明姓名、职务）。

委托代理人（或指定代理人、法定代理人）×××，……（写明姓名等基本情况）。

被告×××，……（写明行政主体名称和所在地址）。

法定代表人×××，……（写明姓名、职务）。

委托代理人×××，……（写明姓名等基本情况）。

第三人×××，……（写明姓名或名称等基本情况）。

法定代表人×××，……（写明姓名、职务）。

委托代理人（或指定代理人、法定代理人）×××，……（写明姓名等基本情况）。

原告×××因要求确认被告×××（行政主体名称）于××××年××月××日作出的×××（行政行为名称）违法（或无效）［要求确认被告不履行法定职责违法的，表述为原告×××因要求确认被告×××不履行……（行政行为的内容）的法定职责违法］，于××××年××月××日向本院提起行政诉讼。本院于××××年××月××日立案后，于××××年××月××日向被告送达了起诉状副本及应诉通知书。本院依法组成合议庭，于××××年××月××日公开（或不公开）开庭审理了本案。……（写明到庭的当事人、行政机关负责人、诉讼代理人、证人、鉴定人、勘验人和翻译人员等）到庭参加诉讼。……（写明发生的其他重要程序活动，如：被批准延长本案审理期限等情况）。本案现已审理终结。

被告×××（行政主体名称）于××××年××月××日作出……（被诉行政行为名称），……（简要写明被诉行政行为认定的主要事实、定性依据和处理结果）。原告×××诉称，……（写明原告的诉讼请求、主要理由以及原告提供的证据、依据等）。

被告×××辩称，……（写明被告的答辩请求及主要理由）。

被告×××向本院提交了以下证据、依据：1. ……（证据的名称及内容等）；2. ……。

第三人×××述称，……（写明第三人的意见、主要理由以及第三人提供的证据、依据等）。

本院依法调取了以下证据：……（写明证据名称及证明目的）。

经庭审质证（或庭前交换证据、庭前准备会议），……（写明当事人的质证意见）。

本院对上述证据认证如下：……（写明法院的认证意见和理由）。

经审理查明，……（写明法院查明的事实。可以区分写明当事人无争议的事实和有争议但经法院审查确认的事实）。

本院认为，……（写明法院判决的理由）。依照……（写明判决依据的行政诉讼法以及相关司法解释的条、款、项、目）的规定，判决如下：

……（写明判决结果）。

……（写明诉讼费用的负担）。

如不服本判决，可以在判决书送达之日起十五日内向本院递交上诉状，并按对方当事人的人数提出副本，上诉于××××人民法院。

审判长×××

审判员×××

审判员×××

××××年××月××日

（院印）

本件与原本核对无异

书记员×××

附：本判决适用的相关法律依据

【说明】

一、本判决书适用于《中华人民共和国行政诉讼法》第七十二条、第七十四条、第七十五条等规定的情形。

二、判决书的首部、尾部（包括附录部分）和正文中有关证据的列举、认证、说理方式以及相关的写作要求等，可参考一审请求撤销、变更行政行为类判决书样式及其说明。

三、对于原告要求确认行政行为（或确认不作为）违法或无效的案件，首先，应参照一审请求撤销、变更行政行为类案件的要求审查行政行为（或不作为）是否合法。其次，对于行政机关应依原告申请履职的情形，原告应提供其已经向被诉行政机关提出申请的事实以及被诉行政机关不作为的证据和依据。被告应提供证据证明原告的申请事项是否属于其法定职责或者法定义务，其是否在法定期限内已经履行法定职责或者义务以及其不作为是否符合法律规定等。对于被告应依职权主动履行法定职责的，被告应举证证明其有无履行法定职责；没有履行的，应证明其没有履行法定职责是否符合法律、法规规定。要求确认行政行为无效的，要具体分析被告有无实施被诉行政行为的主体资格、行政行为是否有依据等重大且明显违法的情形。如经过审理能够认定行政行为因缺乏职权依据而无效的，只需写明对法定职权的审查，并辅以相关的法理论证，而对被诉行政行为的执法程序、认定事实、适用法律的问题可不再赘述。

四、理由部分。根据此类案件的具体案情，要重点分析被告是否具有法定职权，是否存在拖延履行、不予答复或不主动履行、未完全履行等情况；要求确认行政行为无效的，要具体分析被告有无实施被诉行政行为的主体资格、行政行为是否有依据等重大且明显违法的情形。

五、判决结果

确认行政行为违法的判决，要注意区分行政诉讼法第七十四条第一款和第二款规定的不同情形，分别适用相应的款项。此类案件的判决结果分为以下三种情况：

第一，判决驳回原告诉讼请求的，写：

“驳回原告×××的诉讼请求。”

第二，判决确认被告作出的行政行为违法（或无效）的，写：

“一、确认被告×××作出的（××××）××字第××号……（行政行为名称）违法（或无效）；

二、责令被告×××采取……（写明被告应当采取的具体补救措施。

没有可采取的补救措施的，此项不写）。”

第三，判决确认被告不履行法定职责行政行为违法的，写：

“一、确认被告×××……（不履行法定职责的行为）违法；

二、责令被告×××采取……（写明具体的补救措施。没有或不需要采取补救措施的，此项不写）。”

行政诉讼文书样式5：行政判决书
（一审复议机关作共同被告类案件用）

××××人民法院
行政判决书
（一审复议机关作共同被告类案件用）

（××××）×行初字第××号

原告×××，……（写明姓名或名称等基本情况）。

法定代表人×××，……（写明姓名、职务）。

委托代理人（或指定代理人、法定代理人）×××，……（写明姓名等基本情况）。

被告（原行政机关）×××，……（写明行政主体名称和所在地址）。

法定代表人×××，……（写明姓名、职务）。

委托代理人×××，……（写明姓名等基本情况）。

被告（复议机关）×××，……（写明行政主体名称和所在地址）。

法定代表人×××，……（写明姓名和职务）。

委托代理人×××，……（写明姓名等基本情况）。

第三人×××，……（写明姓名或名称等基本情况）。

法定代表人×××，……（写明姓名、职务）。

委托代理人（或指定代理人、法定代理人）×××，……（写明姓名等基本情况）。

原告不服被告×××（原行政机关）……（原行政行为）及被告×××（复议机关）……（复议决定），于××××年××月××日向本院提起行政诉讼。本院于××××年××月××日立案后，于××××年××月××日向被告送达了起诉状副本及应诉通知书。本院依法组成合议庭，于××××年××月××日公开（或不公开）开庭审理了本案。……（写明到庭参加庭审活动的当事人、行政机关负责人、诉讼代理人、证人、鉴定人、勘验人和翻译人员等）到庭参加诉讼。……（写明发生的其他重要程序活动，如：追加共同被告或者第三人及被批准延长本案审理期限等情况）。本案现已审理终结。

被告×××（原行政机关）于××××年××月××日作出……（原行政行为名称），……（简要写明原行政行为认定的主要事实、定性依据和处理结果）。原告×××不服，向被告×××（复议机关名称）申请行政复议，被告×××（复议机关名称）于××××年××月××日作出……（复议决定名称），……（简要写明复议决定的处理结果）。

原告×××诉称，……（写明原告的诉讼请求、主要理由以及原告提供的证据、依据等）。

被告×××（原行政机关）及被告×××（复议机关）辩称，……（写明被告的答辩请求及主要理由）。

被告×××（原行政机关）及被告×××（复议机关）向本院提交了证明原行政行为合法性的以下证据、依据：1. ……（证据的名称及内容等）；2. ……。

被告×××（复议机关）向本院提交了证明复议程序合法性的以下证据、依据：1. ……（证据的名称及内容等）；2. ……。

第三人×××述称，……（写明第三人的意见、主要理由以及第三人提供的证据、依据等）。

本院依法调取了以下证据：……（写明证据名称及证明目的）。

经庭审质证（或庭前交换证据、庭前准备会议），……（写明当事人的质证意见）。

本院对上述证据认证如下：……（写明法院的认证意见和理由）。

经审理查明，……（写明法院查明的事实。可以区分写明当事人无争议的事实和有争议但经法院审查确认的事实）。

本院认为，……（写明法院判决的理由）。依照……（写明判决依据的行政诉讼法以及相关司法解释的条、款、项、目）的规定，判决如下：

……（写明判决结果）。

……（写明诉讼费用的负担）。

如不服本判决，可以在判决书送达之日起十五日内向本院递交上诉状，并按对方当事人的人数提出副本，上诉于××××人民法院。

审判长×××

审判员×××

审判员×××

××××年××月××日
（院印）

本件与原本核对无异

书记员×××

附：本判决适用的相关法律依据

【说明】

一、本判决书供各级法院在审理根据行政诉讼法第二十六条第二款规定的复议机关与作出原行政行为的行政机关作共同被告的一审案件时使用。

二、判决书的首部、尾部（包括附录部分）和正文中有关证据的列举、认证、说理方式以及相关的写作要求等，可参考一审请求撤销、变更行政行为类案件或者请求履行法定职责类及给付类案件判决书样式及其说明。

三、被诉行政行为叙述部分应注意详略得当。对于复议决定认定的事实、适用的依据等与原行政行为完全相同的，可简要写明复议决定的主要依据和处理结果；但复议决定改变原行政行为认定的事实或者适用的定性依据的，应当简要写明复议决定改变后的主要事实或者适用的定性依据。原行政机关不作为，复议机关驳回复议申请或者请求的，可参考一审请求履行法定职责类判决书样式写法。

四、“被告辩称”部分一般情况下应写明原行政机关和复议机关共同的答辩意见。如原行政机关与复议机关的答辩意见不一致，且无法协商一致的，在重点写明复议机关答辩意见的同时，可以载明原行政机关的不同意见。

五、“经审理查明”部分经法院审理确认的事实和证据。同时注意：复议决定与原行政行为认定的事实和适用的依据基本相同的，应当主要确认原行政行为认定的事实和适用的依据是否成立；复议决定改变原行政行为认定的事实或者适用的依据，但未改变处理结果的，应当主要确认复议决定改变后的事实及适用的依据是否成立。

六、被告举证部分应当注意体现原行政机关和复议机关对原行政行为合法性的共同举证责任。证明原行政行为合法性的证据，行政机关与复议机关协商后可以由一方单独向法院提交，视为是行政机关和复议机关共同举证责任的体现，一般不再区分；如果复议机关在复议程序中收集了原行政行为作出时未收集的新的证据，可以在列举证据时予以适当说明。

七、“本院认为”部分应当结合当事人的争议焦点，围绕原行政行为和复议决定的合法性进行论述。当事人对复议程序的合法性提出争议的，还应当就复议程序的合法性单独进行论述。同时注意：复议决定未改变原行政行为的处理结果，但已经改变原行政行为认定的事实和适用的依据的，一般应当基于复议决定改变后的事实和依据审查原行政行为是否合法。改变后的事实和依据合法的，一般应认定原行政行为及复议决定均合法（复议程序的合法性除外）。

八、“判决结果”部分应当注意对原行政行为与复议决定裁判的一致性。对被诉行政行为以及维持被诉行政行为的复议决定作审查后，可以针对不同情况分别采用以下判决方式；也可以根据具体案情，遵循有利于明晰法律关系及时定分止争的原则，适当调整：

第一，原行政行为及复议决定均合法的，写：

“驳回原告×××的诉讼请求。”

第二，原行政行为与复议决定均违法的，写：

“一、撤销（原行政行为，应写明行政机关、作出时间、文号及名称等，下同）及（复议决定，应写明复议机关、作出时间、文号及名称等，下同）；

二、责令原行政机关在×日内重新作出行政行为（不需要重作的，此项不写；不宜限定期限的，期限不写）。”

第三，确认原行政行为违法的，写：

“确认（原行政行为）及（复议决定）违法。”

第四，确认原行政行为无效的，写：

“一、撤销（复议决定）；

二、确认（原行政行为）无效。”

第五，变更原行政行为的，可写：

“一、撤销（复议决定）；

二、（参照判决变更行政行为的主文）。”

第六，原行政机关对原告请求的履行法定职责或给付义务不予答复违法，写：

“一、撤销（复议决定）。（判决主文第二项已经使法律关系明确的，该项亦可不写）；

二、（参照判决被告履行法定职责或者给付义务的判决主文）。”

第七，行政机关对原告请求的履行法定职责或给付义务予以拒绝违法，写：

“一、撤销（原行政行为）及（复议决定）。（如判决主文第二项已经使法律关系明确的，该项亦可不写）；

二、（参照判决被告履行法定职责或者给付义务的主文）。”

第八，原行政行为合法，但复议决定违反法定程序的，写：

“一、确认（复议决定）程序违法；

二、驳回原告×××……（写明有关针对原行政行为）的诉讼请求。”

第九，原行政行为合法，但复议决定改变原行政行为的事实或依据错误的，写：

“一、撤销（复议决定）；

二、驳回原告×××……（写明有关针对原行政行为）的诉讼请求。”

行政诉讼文书样式6：行政判决书

（一审行政裁决类案件用）

×××××人民法院

行政判决书

（一审行政裁决类案件用）

（××××）×行初字第××号

原告×××，……（写明姓名或名称等基本情况）。

法定代表人×××，……（写明姓名、职务）。

委托代理人（或指定代理人、法定代理人）×××，……（写明姓名等基本情况）。

被告×××，……（写明行政主体名称和所在地址）。

法定代表人×××，……（写明姓名、职务）。

委托代理人×××，……（写明姓名等基本情况）。

第三人×××，……（写明姓名或名称等基本情况）。

法定代表人×××，……（写明姓名、职务）。

委托代理人（或指定代理人、法定代理人）×××，……（写明姓名等基本情况）。

原告×××不服被告×××于××××年××月××日作出的（××××）字第××号行政裁决（或其他法律规范规定的裁决类文书名称），于××××年××月××日向本院提起行政诉讼。本院于××××年××月××日立案后，于××××年××月××日向被告×××送达了起诉状副本及应诉通知书。本院依法组成合议庭，于××××年××月××日公开（或不公开）开庭审理了本案。……（写明到庭参加庭审活动的当事人、行政机关负责人、诉讼代理人、证人、鉴定人、勘验人和翻译人员等）到庭参加诉讼。……（写明发生的其他重要程序活动，如：被批准延长本案审理期限等情况）。本案现已审理终结。

被告×××于××××年××月××日作出（××××）字第××号

行政裁决（或其他法律规范规定的裁决类文书名称），……（简要概述行政裁决认定的事实、适用的法律规范和裁决的内容）。

原告×××诉称，……（写明原告的诉讼请求、主要理由以及原告提供的证据、依据等）。

被告×××辩称，……（写明被告的答辩请求及主要理由）。

被告×××向本院提交了以下证据、依据：1. ……（证据的名称及内容等）；2. ……。

第三人×××述称，……（写明第三人的意见、主要理由以及第三人提供的证据、依据等）。

本院依法调取了以下证据：……（写明证据名称及证明目的）。

经庭审质证（或庭前交换证据、庭前准备会议），……（写明当事人的质证意见）。

本院对上述证据认证如下：……（写明法院的认证意见和理由）。

经审理查明，……（写明法院查明的事实。可以区分写明当事人无争议的事实和有争议但经法院审查确认的事实）。

本院认为，……（写明法院判决的理由）。依照……（写明判决依据的行政诉讼法以及相关司法解释的条、款、项、目）的规定，判决如下：

……（写明判决结果）。

……（写明诉讼费用的负担）。

如不服本判决，可以在判决书送达之日起十五日内向本院递交上诉状，并按对方当事人的人数提出副本，上诉于××××人民法院。

审判长×××
审判员×××
审判员×××

××××年××月××日
（院印）

本件与原本核对无异

书记员×××

附：本判决适用的相关法律依据

【说明】

一、本判决书适用于《中华人民共和国行政诉讼法》第六十一条等规定的情形。

二、判决书的首部、尾部（包括附录部分）和正文中有关证据的列举、认证、说理方式以及相关的写作要求等，可参考一审请求撤销、变更行政行为类样式及其说明。

三、行政裁决引发的行政案件，既不同于普通行政案件，也不同于因为《中华人民共和国行政诉讼法》第六十一条所规定行政许可、登记、征收、征用而引发的一并解决民事争议的案件，此类案件中行政机关作出的行政裁决本身就是解决原告与第三人之间的民事争议，行政机关根据法律规范的规定行使的是居中裁决的权力；行政裁决也是行政机关对民事权利义务关系进行的决定。故在行政裁决类案件的举证责任和事实认定部分，应有所体现。原告应重点提交与第三人存在民事权利争议方面及权利应归属于己方的证据，第三人也应重点提交与原告存在民事权利争议方面的证据，为法院解决原告与第三人之间的民事争议提供依据。当然，行政裁决合法性方面的证据主要仍应由被告提交。法院认定当事人民事争议的事实时，一般要查明原告与第三人民事争议产生的原因、经过和结果。

四、理由

如果行政裁决当事人争议焦点主要集中在民事争议部分而非行政裁决认定事实的合法性本身，那么理由部分要根据查明的事实和有关民事法律、法规，先就当事人民事纠纷的性质、当事人的责任以及如何解决纠纷进行说理，再就行政裁决是否合法、原告的诉讼请求是否合法和有理进行分析论证，并阐明判决的理由。在对行政裁决合法性进行审查时，要坚持行政诉讼的特点，由行政裁决机关对合法性承担举证责任。但在确定民事权利义务关系时，则应参照民事案件的写作方法，运用民事法律规范，结合查明的事实，对原告与第三人之间的民事争议的性质及处理意见作出分析与认定。对各方当事人的诉讼理由逐一分析，论证是否成立，表明是否予以支持或采纳，并说明理由。判决理由既要运用行政实体及程序法律规范，对行政裁决合法性进行分析论证，并得出是否合法的结论，也可能要运用民事实体和诉讼法律规范，最终依照行政及民事两方面的法律法规，包括实体法和程序法作出裁判。判决所依据的法律、法规，在引用时应当准确、全面、具体。涉及解决民事争议的，要引用相应的民事法律规范。

五、判决结果

根据行政诉讼法及相关司法解释的规定，行政裁决存在认定事实错误等违法情形的，人民法院可以判决撤销；如果人民法院依法可以对当事人之间的民事争议一并作出处理的，也可以直接判决变更行政裁决的处理结果。因此，判决结果可以分为以下三种情况：

第一，驳回原告诉讼请求的，写：

“驳回原告×××的诉讼请求。”

第二，撤销被诉行政裁决的，写：

“一、撤销被告×××作出的……（行政裁决的具体名称）；

二、责令被告×××在……（限定重新处理的期限，不宜限定的也可不写）对原告×××（或第三人×××，写明行政裁决申请人的姓名或名称）提出的……（写明行政裁决的案由）行政裁决申请重新作出处理。”

第三，直接变更行政裁决结果的，写：

“变更被告×××作出的（××××）……字第××号行政裁决，改为……（写明变更后的具体内容）。”

行政诉讼文书样式7：民事判决书

（一并审理的民事案件用）

××××人民法院

民事判决书

（一并审理的民事案件用）

（××××）×行民初字第××号

原告×××，……（写明姓名或名称等基本情况）。

法定代表人×××，……（写明姓名、职务）。

委托代理人（或指定代理人、法定代理人）×××，……（写明姓名等基本情况）。

被告×××，……（写明姓名或名称等基本情况）。

法定代表人×××，……（写明姓名、职务）。

委托代理人（或指定代理人、法定代理人）×××，……（写明姓名等基本情况）。

第三人×××，……（写明姓名或名称等基本情况）。

法定代表人×××，……（写明姓名、职务）。

委托代理人（或指定代理人、法定代理人）×××，……（写明姓名等基本情况）。

当事人（写明当事人的姓名或名称）因不服（行政主体名称）（写明案由）一案，本院已以（××××）×行初字第××号（具体案号）立案。×××（申请人名称）依据行政诉讼法第六十一条第一款规定，向本院申请一并解决……（相关民事争议，写明具体民事纠纷的案由）。本院立案后依法组成合议庭（或依法由审判员×××独任审判），于××××年××月××日公开（或不公开）开庭进行了审理。…（写明本案当事人及其诉讼代理人等）到庭参加诉讼。本案现已审理终结。

原告×××诉称，……（写明原告的诉讼请求、主要理由以及原告提供的证据等）。

被告×××辩称，……（写明被告的答辩请求、主要理由以及被告提供的证据）。

第三人×××述称，……（写明第三人的意见、主要理由以及第三人提供的证据、依据等）。

本院依法调取了以下证据：……（写明证据名称及证明目的）。

经庭审质证（或庭前交换证据、庭前准备会议），……（写明当事人的质证意见）。

本院对上述证据认证如下：……（写明法院的认证意见和理由）。

经审理查明，……（写明法院认定的事实和证据。必要时可增加相关行政裁判认定的事实）。

本院认为，……（写明判决的理由。必要时可增加相关行政裁判理由）。依照……（写明判决依据的法律以及相关司法解释的条、款、项、目）的规定，判决如下：

……（写明判决结果）。

……（写明诉讼费用的负担）。

如不服本判决，可以在判决书送达之日起十五日内向本院递交上诉状，并按对方当事人的人数提出副本，上诉于××××人民法院。

审判长×××
审判员×××
审判员×××

××××年××月××日
（院印）

本件与原本核对无异

书记员×××

附：本判决适用的相关法律依据

【说明】

一、本判决书供审理行政许可、登记、征收、征用等行政案件时，依据行政诉讼法第六十一条规定对当事人申请一并审理民事案件作出民事判决用。

二、本判决书由首部、事实、理由、判决结果和尾部等五部分组成。制作判决书时，应当注意以下事项：

（一）首部

首部应依次写明标题、案号、诉讼参加人及其基本情况，以及案件由来、审判组织和开庭审理过程等，以体现审判程序的合法性。

1. 标题中的法院名称，一般应与院印的文字一致，但基层法院应冠以省、市、自治区的名称。

2. 案号由年度和制作法院、案件性质、审判程序的代字（如行民）以及案件的顺序号组成，年度应用阿拉伯数字。例如，北京市海淀区人民法院2015年受理的行政一并审理第5号民事案件，应写为：“（2015）海行民初字第5号”。或者另行编立其他能够反映行政一并审查特点、并能与普通民事案件相区别的案号。具体案号可由各地根据最高人民法院相关规定精神予以确定。

3. 被告提出反诉的案件，可在本诉称谓后用括号注明其反诉称谓。如：“原告（反诉被告）”、“被告（反诉原告）”。

4. 当事人是自然人的，写明其姓名、性别、出生年月日、居民身份证号码、民族、职业或工作单住和职务、住址。住址应写明其住所所在地；住所地与经常居住地不一致的，写经常居住地。当事人是法人的，写明法人名称和所在地址，并另起一行写明法定代表人及其姓名和职务。当事人是不具备法人条件的组织或起字号的个人合伙的，写明其名称或字号和所在地址，并另起一行写明代表人及其姓名、性别和职务。当事人是个体工商户的，写明业主的姓名、性别、出生年月日、身份证号码、民族、住址；起有字号的，在其姓名之后用括号注明“系……（字号）业主”。

5. 有法定代理人或指定代理人的，应列项写明其姓名、性别、职业或工作单位和职务、住址，并在姓名后括注其与当事人的关系。

6. 有委托代理人的，应列项写明其姓名、性别、职业或工作单位和职务、住址。如果委托代理人系当事人的近亲属，还应在姓名后括注其与当事人的关系。如果委托代理人系律师，只写明其姓名、工作单位和职务。

当事人及其诉讼代理人均出庭参加诉讼的，可按样式书写。当事人本人未出庭而由代理人出庭的，应写：“×告×××的××代理人×××”。当事人经合法传唤未到庭的，应写明：“×告×××经本院合法传唤无正当理由拒不到庭”。当事人未经法庭许可中途退庭的，应写明：“×告×××未经法庭许可中途退庭”。

（二）事实

事实部分应写明当事人的诉讼请求、争议的事实和理由，法院认定的事实及证据。

1. 当事人的诉讼请求以及争议的事实和理由，主要是通过原告、被告和第三人的陈述来表述的。民事判决书的事实部分所以要写明这些内容，一是为了体现尊重当事人的诉讼权利，二是为了集中反映当事人的真实意思表示，明确纠纷的焦点，做到与以后各部分的叙事、说理和判决结果紧密联系，前后照应。对于这些内容的叙述，文句要简炼，内容要概括，切忌冗长和不必要的重复。如果当事人在诉讼过程中有增加或者变更诉讼请求，或者提出反诉的，应当一并写明。

2. 法院认定的事实主要包括：①当事人之间的法律关系，发生法律关系的时间、地点及法律关系的内容；②产生纠纷的原因、经过、情节和后果。法院认定的事实，必须是经过法庭审理查证属实的事实。叙述的方法一般应按照时间顺序，客观地、全面地、真实地反映案情，同时要抓住重点，详述主要情节和因果关系；③必要时应当一并写明行政案件的审理情况和裁判结果。

3. 认定事实的证据要有分析地进行列举，既可以在叙述纠纷过程中一并分析列举，也可以单独分段分析列举。叙述事实和列举证据时都要注意保守国家秘密，保护当事人的商业秘密和个人隐私。

（三）理由

理由部分应写明判决的理由和判决所依据的法律。

1. 判决的理由，要根据认定的事实和有关法律、法规和政策，来阐明法院对纠纷的性质、当事人的责任以及如何解决纠纷的看法。说理要有针对性，要根据不同案件的具体情况，针对当事人的争执和诉讼请求，摆事实，讲法律，讲道理，分清是非责任。诉讼请求合法、有理的予以支持，不合法、无理的不予支持。对违法的民事行为应当严肃指明，必要时给予适当批驳，做到以理服人。

2. 判决所依据的法律、法规，在引用时应当准确、全面、具体。

（四）判决结果

判决结果，是对案件实体问题作出的处理决定。判决结果要明确、具体、完整。根据确认之诉、变更之诉或给付之诉的不同情况，正确地加以表述。例如，给付之诉，要写明标的物的名称、数量或数额、给付时间以及给付方式。给付的财物，品种较多的可以概写，详情另附清单。需要驳回当事人其他之诉的，可列为最后一项书写。

（五）尾部

尾部应写明诉讼费用的负担，当事人的上诉权利、上诉期间和上诉法院名称以及合议庭成员署名和判决日期等。

行政诉讼文书样式8：行政判决书

（一审行政协议类案件用）

×××× 人民法院

行政判决书

（一审行政协议类案件用）

（××××）×行初字第××号

原告×××，……（写明姓名或名称等基本情况）。

法定代表人×××，……（写明姓名、职务）。

委托代理人（或指定代理人、法定代理人）×××，……（写明姓名等基本情况）。

被告×××，……（写明行政主体名称和所在地址）。

法定代表人×××，……（写明姓名、职务）。

委托代理人×××，……（写明姓名等基本情况）。

第三人×××，……（写明姓名或名称等基本情况）。

法定代表人×××，……（写明姓名、职务）。

委托代理人（或指定代理人、法定代理人）×××，……（写明姓名等基本情况）。

原告×××认为被告×××（行政主体名称）（不依法履行、未按照约定履行或者违法变更、解除政府特许经营协议、土地房屋征收补偿协议等协议），于××××年××月××日向本院提起行政诉讼。本院于××××年××月××日立案后，于××××年××月××日向被告送达了起诉状副本及应诉通知书。本院依法组成合议庭，于××××年××月××日公开（或不公开）开庭审理了本案。……（写明到庭参加庭审活动的当事人、诉讼代理人、证人、鉴定人、勘验人和翻译人员等）到庭参加诉讼。……（写明发生的其他重要程序活动，如：被批准延长本案审理期限等情况）。本案现已审理终结。

被告×××（行政主体名称）于××××年××月××日（变更、解除政府特许经营协议、土地房屋征收补偿协议等协议），……（简要写明被诉变更、解除协议等协议行为认定的事实、适用的法律规范和处理的内容。如果针对被告不依法履行、未按照约定履行协议提起诉讼的，该部分不写）。

原告×××诉称，……（写明原告的诉讼请求、主要理由以及原告提供的证据、依据等）。

被告×××辩称，……（写明被告的答辩请求及主要理由）。

被告×××向本院提交了以下证据、依据：1. ……（证据的名称及内容等）；2. ……。

第三人×××述称，……（写明第三人的意见、主要理由以及第三人提供的证据、依据等）。

本院依法调取了以下证据：……（写明证据名称及证明目的）。

经庭审质证（或庭前交换证据、庭前准备会议），……（写明当事人的质证意见）。

本院对上述证据认证如下：……（写明法院的认证意见和理由）。

经审理查明，……（写明法院查明的事实。可以区分写明当事人无争议的事实和有争议但经法院审查确认的事实）。

本院认为，……（写明法院判决的理由）。依照……（写明判决依据的行政诉讼法以及相关司法解释的条、款、项、目）的规定，判决如下：

……（写明判决结果）。

……（写明诉讼费用的负担）。

如不服本判决，可以在判决书送达之日起十五日内向本院递交上诉状，并按对方当事人的人数提出副本，上诉于××××人民法院。

审判长×××

审判员×××

审判员×××

××××年××月××日

（院印）

本件与原本核对无异

书记员×××

附：本判决适用的相关法律依据

【说明】

一、本判决书适用于《中华人民共和国行政诉讼法》第十二条第一款第（十一）项和第七十八条规定的情形。

二、判决书的首部、尾部（包括附录部分）和正文中有关证据的列举、认证、说理方式以及相关的写作要求等，可参考一审请求撤销、变更行政行为类案件和请求履行法定职责类或者请求给付类案件以及民事案件判决书样式及其说明。

三、事实部分。行政协议案件的审理对当事人双方的举证要求与一般行政案件有所区别，应在判决书中有所体现。原告应提供被诉行政机关不依法履行、未按照约定履行或者违法变更、解除政府特许经营协议、土地房屋征收补偿协议的初步证据和依据。被告应提供充分证据证明不依法履行、未按照约定履行或者变更、解除政府特许经营协议、土地房屋征收补偿协议是否符合法律规定等。判决书要围绕行政实体法预先设定的有关条件，结合案件查明的事实，进行充分说理、论证，最后明确被告不依法履行、未按照约定履行或者变更、解除政府特许经营协议、土地房屋征收补偿协议是否合法，原告请求是否成立。

四、“本院认为”部分，要写明协议的有效性和合法性，运用行政实体、程序法律规范以及有关民事合同法律规范，对不依法履行、未按照约定履行或者违法变更、解除政府特许经营协议、土地房屋征收补偿协议等协议合法性进行分析论证，对各方当事人的诉讼理由逐一分析，论证是否成立，表明是否予以支持或采纳，并说明理由。原告主张被告不依法履行、未按照约定履行协议或者变更、解除协议违法的理由成立，但被告无法继续履行或者继续履行已无实际意义的，应当在理由部分对被告行为的违法性予以阐述和确认。裁判所依照的法律依据部分，要写明判决依据的行政诉讼法、有关民事合同法律规定以及相关司法解释的条、款、项、目。

五、判决结果。

可以分为以下几种情形：

第一，协议有效，原告主张被告不依法履行、未按照约定履行协议或者变更、解除协议违法，理由成立的，可以采用以下判决方式，写：

“一、被告继续履行协议；（可写明具体内容）

二、被告×××（行政主体名称）于本判决生效之日起××日内赔偿原告……（写明赔偿的金额）。”（原告未请求赔偿的，该项不写）

对于被告无法继续履行或者继续履行已无实际意义的，可写：

一、被告×××采取相应的补救措施……（写明具体补救措施）；

二、被告×××（行政主体名称）于本判决生效之日起××日内赔偿原告……（写明赔偿的金额）。”（原告未请求赔偿的，该项不写）

第二，原告请求解除协议或者确认协议无效，并要求赔偿理由成立的，写：

“一、确认（协议名称）无效或者自××××年××月××日解除（协议名称）；

二、被告于本判决生效之日起××日内赔偿原告……（写明赔偿的金额）。”

（原告未提出赔偿请求的，第二项不写。）

第三，被告因公共利益需要或者其他法定理由变更、解除协议，给原告造成损失的，写：

“被告×××（行政主体名称）于本判决生效之日起××日内补偿原告……（写明赔偿的金额）。”

第四，其他情形，参照民事判决书的样式制作。

六、诉讼费用问题。对行政机关不依法履行、未按照约定履行协议提起诉讼的诉讼费用，按照民事诉讼法律规定执行；对行政机关变更、解除协议等与协议相关的单方行政行为提起诉讼的，按照行政诉讼法律规定执行。

行政诉讼文书样式9：行政赔偿判决书
（一审行政赔偿案件用）

××××人民法院
行政赔偿判决书
（一审行政赔偿案件用）

（××××）×行赔初字第××号

原告×××，……（写明姓名或名称等基本情况）。

法定代表人×××，……（写明姓名、职务）。

委托代理人（或指定代理人、法定代理人）×××，……（写明姓名等基本情况）。

被告×××，……（写明行政主体名称和所在地址）。

法定代表人×××，……（写明姓名、职务）。

委托代理人×××，……（写明姓名等基本情况）。

第三人×××，……（写明姓名或名称等基本情况）。

法定代表人×××，……（写明姓名、职务）。

委托代理人（或指定代理人、法定代理人）×××，……（写明姓名等基本情况）。

原告×××因与被告×××……（写明案由）行政赔偿一案，于××××年××月××日向本院提起行政赔偿诉讼。本院于××××年××月××日立案后，于××××年××月××日向被告送达了起诉状副本及应诉通知书。本院依法组成合议庭，于××××年××月××日公开（或不公开）开庭审理了本案（不公开开庭的，写明原因）。……（写明到庭参加庭审活动的当事人、行政机关负责人、诉讼代理人、证人、鉴定人、勘验人和翻译人员等）到庭参加诉讼。……（写明发生的其他重要程序活动，如：被批准延长审理期限等）。本案现已审理终结。

原告×××诉称，……（写明原告的赔偿诉讼请求、主要理由以及原告提供的证据、依据等）。

被告×××辩称，……（写明被告的答辩请求及主要理由）。

被告×××向本院提交了以下证据、依据：1. ……（证据的名称及内容等）；2. ……。

第三人×××述称，……（写明第三人的意见、主要理由以及第三人提供的证据、依据等）。

本院依法调取了以下证据：……（写明证据名称及证明目的）。

经庭审质证（或庭前交换证据、庭前准备会议），……（写明当事人的质证意见）。

本院对上述证据认证如下：……（写明法院的认证意见和理由）。

经审理查明，……（写明法院查明的事实。可以区分写明当事人无争议的事实和有争议但经法院审查确认的事实）。

本院认为，……（写明法院判决的理由）。依照……（写明判决依据的行政诉讼法以及相关司法解释的条、款、项、目）的规定，判决如下：

……（写明判决结果）。

如不服本判决，可以在判决书送达之日起十五日内向本院递交上诉状，并按对方当事人的人数提出副本，上诉于××××人民法院。

审判长×××
审判员×××
审判员×××

××××年××月××日
（院印）

本件与原本核对无异

书记员×××

附：本判决适用的相关法律依据

【说明】

一、本判决书适用于根据《中华人民共和国国家赔偿法》、《中华人民共和国行政诉讼法》、《最高人民法院关于审理行政赔偿案件若干问题的规定》等法律及司法解释单独提起行政赔偿诉讼的情形用。

二、本判决书的首部、尾部（附录部分），正文中有关证据的列举、认证、说理方式以及相关的写作要求等，可参考一审请求撤销、变更行政行为类案件及请求履行法定职责类或者请求给付类案件判决书样式及其说明。经审理查明部分，如果被告已经作出行政赔偿处理决定的，应注意简要写明处理决定的主要内容和结论。

三、根据《最高人民法院关于审理行政赔偿案件若干问题的规定》第二十九条的规定，人民法院审理行政赔偿案件，应当就当事人之间的行政赔偿争议进行审理与裁判。行政赔偿案件中，人民法院仅就行政赔偿争议进行审理，行政行为的合法性则应当通过先行确认程序或者行政诉讼予以审查；经过先行确认程序，且行政赔偿义务机关已经作出行政赔偿处理决定的，行政赔偿处理决定并非行政赔偿案件的诉讼标的，人民法院仍然应当针对原告的赔偿请求能否成立进行审查。被告收到原告的赔偿申请后逾期不作赔偿决定的，审查的重点也应是原告主张的侵权事实是否存在，要求赔偿是否有法律依据，以及损害结果与行政行为之间是否有因果关系。

被告的行政行为违法，且给原告造成了实际损失的，判决被告予以赔偿；被告的行政行为违法但尚未对原告合法权益造成损害的，或者原告的请求没有事实根据或法律根据的，应当判决驳回原告的赔偿请求。

四、行政赔偿判决书在适用法律时，不仅要适用《中华人民共和国行政诉讼法》的相关规定，还应适用《中华人民共和国国家赔偿法》及《最高人民法院关于审理行政赔偿案件若干问题的规定》等行政赔偿司法解释的规定。判决结果可为以下三种情况：

第一、驳回原告赔偿请求的，写：

"驳回原告×××的赔偿请求。"

第二、判决被告予以赔偿的，写：

"被告×××于本判决生效之日起××日内赔偿原告×××……（写明赔偿的金额）。"

第三，如复议机关因复议程序违法给原告造成损失的，写：

"被告×××（复议机关名称）于本判决生效之日起××日内赔偿原告……（写明赔偿的金额）。"

五、行政赔偿诉讼不收取诉讼费用。

行政诉讼文书样式10：行政调解书
（一审行政案件用）

××××人民法院
行政调解书
（一审行政案件用）

（××××）×行初字第××号

原告×××，……（写明姓名或名称等基本情况）。

法定代表人×××，……（写明姓名、职务）。

委托代理人（或指定代理人、法定代理人）×××，……（写明姓名等基本情况）。

被告×××，……（写明行政主体名称和所在地址）。

法定代表人×××，……（写明姓名、职务）。

委托代理人×××，……（写明姓名等基本情况）。

第三人×××，……（写明姓名或名称等基本情况）。

法定代表人×××，……（写明姓名、职务）。

委托代理人（或指定代理人、法定代理人）×××，……（写明姓名等基本情况）。

原告×××不服被告×××（行政主体名称）（行政行为），于××××年××月××日向本院提起行政诉讼。本院于××××年××月××日立案后，于××××年××月××日向被告送达了起诉状副本及应诉通知书。本院依法组成合议庭，于××××年××月××日公开（或不公开）开庭审理了本案。……（写明到庭参加庭审活动的当事人、行政机关负责人、诉讼代理人、证人、鉴定人、勘验人和翻译人员等）到庭参加诉讼。……（写明发生的其他重要程序活动，如：被批准延长本案审理期限等情况）。本案现已审理终结。

经审理查明，……（写明法院查明的事实）。

本案在审理过程中，经本院主持调解，双方当事人自愿达成如下协议：

……（写明协议的内容）。

……（写明诉讼费用的负担）。

上述协议，符合有关法律规定，本院予以确认。

本调解书经双方当事人签收后，即具有法律效力。

审判长 ×××

审判员 ×××

审判员 ×××

××××年××月××日

（院印）

本件与原本核对无异

书记员 ×××

【说明】

一、本调解书适用于《中华人民共和国行政诉讼法》第六十条规定的情形。

二、调解应当根据当事人自愿的原则，在查清事实，分清是非的基础上进行。协议的内容不得违反法律的规定。

三、本调解书的首部、尾部（附录部分），正文中有关证据的列举、认证、说理方式以及相关的写作要求等，也可以参考一审请求撤销、变更行政行为类案件判决书样式及其说明。对当事人诉辩意见、审理查明部分应当与裁判文书有所区别，应当本着减小分歧，钝化矛盾，有利于促进调解协议的原则，对争议和法院认定的事实适当简化。

四、协议内容应明确、具体，便于履行。诉讼费用的负担，由当事人协商解决的，可以作为协议内容的最后一项；由法院决定的，应另起一行写明。

五、本调解书样式及说明，亦可供制作第二审和再审的行政案件调解书时参考。

六、第二审及再审行政调解书送达后，原一、二审判决、裁定不再执行。

行政诉讼文书样式11：行政赔偿调解书

（一审行政赔偿案件用）

×××××人民法院

行政赔偿调解书

（一审行政赔偿案件用）

（××××）×行赔字第××号

原告×××，……（写明姓名或名称等基本情况）。

法定代表人×××，……（写明姓名、职务）。

委托代理人（或指定代理人、法定代理人）×××，……（写明姓名等基本情况）。

被告×××，……（写明行政主体名称和所在地址）。

法定代表人×××，……（写明姓名、职务）。

委托代理人×××，……（写明姓名等基本情况）。

第三人×××，……（写明姓名或名称等基本情况）。

法定代表人×××，……（写明姓名、职务）。

委托代理人（或指定代理人、法定代理人）×××，……（写明姓名等基本情况）。

原告×××因与被告×××……（写明案由）行政赔偿一案，于××××年××月××日向本院提起行政赔偿诉讼。本院于××××年××月××日立案后，于××××年××月××日向被告送达了起诉状副本及应诉通知书。本院依法组成合议庭，于××××年××月××日公开（或不公开）开庭审理了本案（不公开开庭的，写明原因）。……（写明到庭参加庭审活动的当事人、行政机关负责人、诉讼代理人、证人、鉴定人、勘验人和翻译人员等）到庭参加诉讼。……（写明发生的其他重要程序活动，如：被批准延长审理期限等）。本案现已审理终结。

经审理查明，……（写明法院查明的事实）。

本案在审理过程中，经本院主持调解，双方当事人自愿达成如下协议：

……（写明协议的内容）。

上述协议，符合有关法律规定，本院予以确认。

本调解书经双方当事人签收后，即具有法律效力。

审判长 ×××
审判员 ×××
审判员 ×××

××××年××月××日
（院印）

本件与原本核对无异

书记员 ×××

【说明】

一、本调解书适用于《中华人民共和国国家赔偿法》、《中华人民共和国行政诉讼法》第六十条以及《最高人民法院关于审理行政赔偿案件若干问题的规定》等法律及司法解释，单独提起行政赔偿诉讼的情形。

二、调解应当根据当事人自愿的原则，在查清事实，分清是非的基础上进行。协议的内容不得违反法律的规定。

三、本调解书的首部、尾部（附录部分），正文中有关证据的列举、认证、说理方式以及相关的写作要求等，也可以参考一审请求撤销、变更行政行为类案件判决书样式及其说明。对当事人诉辩意见、审理查明部分应当与裁判文书有所区别，应当本着减小分歧，钝化矛盾，有利于促进调解协议的原则，对争议和法院认定的事实适当简化。

四、协议内容应明确、具体，便于履行。审理赔偿案件不收取诉讼费用。

五、本调解书样式及说明，亦可供制作第二审和再审的行政赔偿案件调解书时参考。

六、第二审及再审行政赔偿调解书送达后，原一、二审判决、裁定即不再执行。

行政诉讼文书样式12：行政判决书

（二审维持原判或改判用）

××××人民法院

行政判决书

（二审维持原判或改判用）

（××××）×行终字第××号

上诉人（原审×告）×××，……（写明姓名或名称等基本情况）。

被上诉人（原审×告）×××，……（写明姓名或名称等基本情况）。

（当事人及其他诉讼参加人的列项和基本情况的写法，除当事人的称谓外，与一审行政判决书样式相同。）

上诉人×××因……（写明案由）一案，不服××××人民法院（××××）×行初字第××号行政判决，向本院提起上诉。本院依法组成合议庭，公开（或不公开）开庭审理了本案。……（写明到庭的当事人、诉讼代理人等）到庭参加诉讼。本案现已审理终结。（未开庭的，写“本院依法组成合议庭，对本案进行了审理，现已审理终结”）。

……（概括写明原审认定的事实、理由和判决结果，简述上诉人的上诉请求及其主要理由和被上诉人的主要答辩的内容及原审第三人的陈述意见）。

……（当事人二审期间提出新证据的，写明二审是否采纳以及质证情况，并说明理由。如无新证据，本段不写）。

经审理查明，……（写明二审认定的事实和证据）。

本院认为，……（写明本院判决的理由）。依照……（写明判决依据的法律以及相关司法解释的条、款、项、目）的规定，判决如下：

……（写明判决结果）。

……（写明诉讼费用的负担）。

本判决为终审判决。

审判长 ×××
审判员 ×××
审判员 ×××

××××年××月××日
（院印）

本件与原本核对无异

书记员 ×××

附：本判决适用的相关法律依据

【说明】

一、本判决书供二审人民法院在收到当事人不服一审判决提起上诉的行政案件后，按照第二审程序审理终结，就案件的实体问题依法作出维持原判或者改判的决定时使用。

二、制作二审行政判决书，应当体现上诉审的特点，强调针对性和说服力。

三、上诉案件当事人的称谓，写“上诉人”、“被上诉人”，并用括号注明其在原审中的诉讼地位。原告、被告和第三人都提出上诉的，可并列为“上诉人”。当事人中一人或者部分人提出上诉，上诉后是可分之诉的，未上诉的当事人在法律文书中可以不列；上诉后仍是不可分之诉的，未上诉的当事人可以列为被上诉人。上诉案件当事人中的代表人、诉讼代理人等，分别在该当事人项下另起一行列项书写。

四、“经审理查明”部分，包括上诉争议的内容以及二审查明认定的事实和证据。书写上诉争议的内容时，要概括简炼，抓住争议焦点，防止照抄原审判决书、上诉状和答辩状，但又要不失原意。二审审查认定的事实和证据，要根据不同类型的案件书写。如果原审判决事实清楚，上诉人亦无异议的，简要地确认原判认定的事实即可；如果原审判决认定事实清楚，但上诉人提出异议的，应对有异议的问题进行重点分析，予以确认；如果原审判决认定事实不清，证据不足，经二审查清事实后改判的，应具体叙述二审查明的事实和有关证据。

一般情况下，二审认定事实与一审一致的，可写“本院经审理查明的事实与一审判决认定的事实一致，本院予以确认。”与一审认定的主要事实基本一致，但在个别事实作出新的认定的，可写“本院经审理查明的事实与一审判决认定的事实基本一致。但一审认定的……事实不当，应认定为……”。本院认定的事实是一审未认定的，可写“本院另查明：…… ”。

五、“本院认为”部分，要有针对性和说服力，要注重事理分析和法理分析，兼顾全面审查和重点突出。针对上诉请求和理由，重点围绕争议焦点，就原审判决及被诉行政行为是否合法，上诉理由是否成立，上诉请求是否应予支持等，阐明维持原判或者撤销原判予以改判的理由。具体写法可参照一审判决书理由部分。

六、“判决结果”部分可分为以下四种情形：

第一，维持原审判决的，写：

“驳回上诉，维持原判。”

第二，对原审判决部分维持、部分撤销的，写：

“一、维持××××人民法院（××××）×行初字第××号行政判决第×项，即……（写明维持的具体内容）；

二、撤销××××人民法院（××××）×行初字第××号行政判决第×项，即……（写明撤销的具体内容）；

三、……（写明对撤销部分作出的改判内容。如无需作出改判的此项不写）。”

第三，撤销原审判决，驳回原审原告的诉讼请求的，写：

“一、撤销××××人民法院（××××）×行初字第××号行政判决；

二、驳回×××（当事人姓名）的诉讼请求。”

第四，撤销原审判决，同时撤销或变更行政机关的行政行为的，写：

“一、撤销××××人民法院（××××）×行初字第××号行政判决；

二、撤销（或变更）××××（行政主体名称）××××年××月××日（××××）×××字第××号……（写明具体行政行为或者复议决定名称或其他行政行为）；

三、……（写明二审法院改判结果的内容。如无需作出改判的，此项不写）。”

七、关于二审诉讼费用的负担，要区别情况作出决定。对驳回上诉，维持原判的案件，二审诉讼费用由上诉人承担；双方当事人都提出上诉的，由双方分担。对撤销原判，依法改判的案件，应同时对一、二两审的各项诉讼费用由谁负担，或者共同分担的问题作出决定，相应地变更一审法院对诉讼费用负担的决定。

八、按本样式制作二审行政判决书时，注意参考一审行政判决书样式的说明。

行政诉讼文书样式13：行政判决书

（再审行政案件用）

×××× 人民法院

行政判决书

（再审行政案件用）

（××××）×行再字第××号

抗诉机关××××人民检察院（未抗诉的，此项不写）。

再审申请人（写明原审诉讼地位）×××，……（写明姓名或名称等基本情况）。

被申请人（写明原审诉讼地位）×××，……（写明姓名或名称等基本情况）。

原审第三人（或原审中的其他称谓）×××，……（写明姓名或名称等基本情况）。

（当事人及其他诉讼参加人的列项和基本情况的写法，除当事人的称谓外，与一审行政判决书样式相同。再审申请未提及的当事人，按原审判决书中诉讼地位列明。）

原审原告（或原审上诉人）×××与原审被告（或原审被上诉人）×××……（写明案由）一案，本院（或××××人民法院）于××××年××月××日作出（××××）×行×字第××号行政判决，已经发生法律效力。……（写明进行再审的根据）。本院依法组成合议庭，公开（或不公开）开庭审理了本案。……（写明到庭的当事人、代理人等）到庭参加诉讼。本案现已审理终结（未开庭的，写“本院依法组成合议庭审理了本案，现已审理终结”）。

……（概括写明原审生效判决的主要内容；简述检察机关的抗诉理由，或者当事人的陈述或申请再审要点）。

经再审查明，……（写明再审确认的事实和证据）。

本院认为，……（写明本院判决的理由）。依照……（写明判决依据的行政诉讼法以及相关司法解释的条、款、项、目）的规定，判决如下：

……（写明判决结果）。

……（写明诉讼费用的负担）。

……（按第一审程序进行再审的，写明“如不服本判决，可以在判决书送达之日起十五日内向本院递交上诉状，并按对方当事人的人数提出副本，上诉于××××人民法院”。按第二审程序进行再审或者上级法院提审的，写明“本判决为终审判决”）。

审判长×××

审判员×××

审判员×××

××××年××月××日

（院印）

本件与原本核对无异

书记员×××

附：本判决适用的相关法律依据

【说明】

一、本判决书供各级人民法院依照检察院抗诉或者当事人申请再审程序，对于一审或者二审判决、裁定已经发生法律效力的行政案件，经提起再审或者指令再审程序之后，依法组成或者另行组成合议庭，按照一审或者二审程序再审终结，就案件的实体问题作出处理决定时使用。

二、制作再审行政判决书，应当贯彻实事求是、有错必纠的原则，体现再审程序的特点。

三、判决书的首部，要写明对本案进行再审的根据。可分为四种情况表述：

第一，××××人民检察院于××××年××月××日提出抗诉。

第二，本院于××××年××月××日作出（××××）×行申（监）字第××号行政裁定，对本案提起再审。

第三，××××人民法院于××××年××月××日作出（××××）×行申（监）字第××号行政裁定，指令本院对本案进行再审。

第四，本院于××××年××月××日作出（××××）×行申（监）字第××号行政裁定，对本案进行提审。

四、“经审理查明”部分，包括再审争议的内容以及再审查明认定的事实和证据，要根据不同类型的案件书写。

一般情况下，如再审认定事实与原审一致的，写“本院经审理查明的事实与原审判决认定的事实一致，本院予以确认”。与原审认定的主要事实基本一致，但在个别事实作出新的认定的，写“本院经审理查明的事实与原审判决认定的事实基本一致。但原审认定的……事实不当，应认定为……”。本院认定的事实是原审未认定的，写“本院另查明：……”。

五、“本院认为”部分，要有针对性和说服力，要注重事理分析和法理分析，兼顾全面审查和重点突出。针对再审申请请求和理由，重点围绕争议焦点，就原审判决及被诉行政行为是否合法，再审申请理由是否成立，再审请求是否应予支持等，阐明维持原判或者撤销原判予以改判的理由。具体写法可参照二审判决书理由部分。检察院抗诉的，还应对检察院抗诉的请求和理由进行审查。

六、“判决结果”部分可分为以下三种情形：

第一，全部改判的，写：

“一、撤销××××人民法院××××年××月××日（××××）×行×字第××号行政判决（如一审判决、二审判决、再审判决均需撤销的，应分项写明）；

二、……（写明改判的内容。内容多的可分项写）。”

第二，部分改判的，写：

“一、维持××××人民法院××××年××月××日（××××）×行×字第××号行政判决第×项，即……（写明维持的具体内容）；

二、撤销××××人民法院××××年××月××日（××××）×行×字第××号行政判决第×项，即……（写明部分改判的具体内容；如一审判决、二审判决均需撤销的，应分项写明）

三、……（写明部分改判的内容。内容多的可分项写）。”

第三，仍然维持原判的，写：

“维持××××人民法院××××年××月××日（××××）×行×字第××号行政判决。”

七、对全部改判或部分改判而变更原审诉讼费用负担的，写明原审诉讼费用由谁负担或者双方如何分担；对依照《诉讼费用交纳办法》第九条规定需要交纳案件受理费的，同时写明一、二审及再审诉讼费用由谁负担或者双方如何分担。对驳回再审申请，但依照《诉讼费用交纳办法》第九条规定需要交纳案件受理费的，写明再审诉讼费用的负担。

八、按本样式制作判决书时，注意参考一审、二审行政判决书样式的说明。

行政诉讼文书样式14：行政裁定书
（不予立案用）

×××× 人民法院
行政裁定书
（不予立案用）

（××××）×行初字第××号

起诉人……（写明姓名或名称等基本情况）。

××××年××月××日，本院收到×××的起诉状（口头起诉的，注明起诉方式），……（概括写明起诉的事由）。

本院认为，……（写明不予立案的理由）。依照……（写明裁定依据的行政诉讼法以及相关司法解释的条、款、项、目）的规定，裁定如下：

对×××的起诉，本院不予立案。

如不服本裁定，可在裁定书送达之日起十日内，向本院递交上诉状，并按对方当事人的人数提出副本，上诉于××××人民法院。

审判长×××
审判员×××
审判员×××

××××年××月××日
（院印）

本件与原本核对无异

书记员×××

【说明】

一、本裁定书适用于第一审人民法院接到起诉状或口头起诉后，经审查认为不符合起诉条件，依法决定不予立案的情形。

二、在裁定书正文中应当写明不予立案的理由。

行政诉讼文书样式 15：行政裁定书
（指定其他下级法院立案用）

××××人民法院
行政裁定书
（指定其他下级法院立案用）

（××××）×行×字第××号

×××（起诉人）诉×××（行政主体）××××（写明案由）一案，×××（起诉人）于××××年××月××日向××××人民法院（写明有管辖权的人民法院）起诉。该院收到起诉状后，在法定期限内既不立案又不作出不予立案裁定，起诉人×××向本院提起诉讼。

本院认为，×××的起诉符合法定立案条件。依照……（写明裁定依据的行政诉讼法以及相关司法解释的条、款、项、目）的规定，裁定如下：

本案由××××人民法院（其他下级人民法院）立案。

××××年××月××日
（院印）

【说明】

一、本裁定书适用于《中华人民共和国行政诉讼法》第五十二条规定的有管辖权的下一级人民法院在法定期限内既不立案又不作出不予立案裁定，起诉人向上一级人民法院起诉而指定管辖的情形。

二、本裁定书送达起诉人、有管辖权的人民法院及被指定管辖的人民法院。

三、上级人民法院认为符合起诉条件决定自己立案、审理的，可直接发送立案通知书。

行政诉讼文书样式 16：行政裁定书
（依下级人民法院报请指定管辖用）

××××人民法院
行政裁定书
（依下级人民法院报请指定管辖用）

（××××）××字第××号

×××（起诉人或者原告）诉×××（行政主体或者被告）××××（写明案由）一案，××××人民法院（报请的人民法院）以此案需要指定管辖为由报请本院指定管辖。

本院认为，……（简要说明应当指定管辖的理由）。依照……（写明裁定依据的行政诉讼法以及相关司法解释的条、款、项、目）的规定，裁定如下：

本案由××××人民法院（下级人民法院）管辖。

××××年××月××日
（院印）

【说明】

一、本裁定书适用于《中华人民共和国行政诉讼法》第二十四条第二款规定的上级人民法院依下级人民法院报请指定管辖的情形。

二、本裁定书送达报请的人民法院、被指定管辖的人民法院。案件尚未受理的送达起诉人；已经受理的送达各方当事人。

行政诉讼文书样式17：行政裁定书
（管辖权争议时指定管辖用）

××××人民法院
行政裁定书
（管辖权争议时指定管辖用）

（××××）×行×字第××号

×××（起诉人或者原告）诉×××（行政主体或者被告）××××（写明案由）一案，××××人民法院与××××人民法院因管辖权发生争议。双方协商不成，报请本院指定管辖。

本院认为，……（简要说明应当指定管辖的理由）。依照……（写明裁定依据的行政诉讼法以及相关司法解释的条、款、项、目）的规定，裁定如下：

本案由××××人民法院（下级人民法院）管辖。

××××年××月××日
（院印）

【说明】

一、本裁定书适用于《中华人民共和国行政诉讼法》第二十三条规定的上级人民法院依下级人民法院报请指定管辖的情形。

二、本裁定书送达报请的人民法院、被指定管辖的人民法院。案件尚未受理的送达起诉人；已经受理的送达各方当事人。

行政诉讼文书样式18：行政裁定书
（有管辖权法院不宜行使管辖权时指定管辖用）

××××人民法院
行政裁定书
（有管辖权法院不宜行使管辖权时指定管辖用）

（××××）×行×字第××号

原告×××诉被告×××……（写明案由）一案，××××人民法院（受诉人民法院）已经立案。

本院认为，……（简要说明应当指定管辖的理由）。依照……（写明裁定依据的行政诉讼法以及相关司法解释的条、款、项、目）的规定，裁定如下：

本案由××××人民法院（另一下级人民法院）管辖。

××××年××月××日
（院印）

【说明】

一、本裁定书适用于《中华人民共和国行政诉讼法》第二十三条第一款规定的人民法院依职权指定管辖的情形。

二、本裁定书送达原立案的人民法院、被指定管辖的人民法院及各方当事人。

行政诉讼文书样式19：行政裁定书

（受移送人民法院无管辖权时上级人民法院指定管辖用）

××××人民法院

行政裁定书

（受移送人民法院无管辖权时上级人民法院指定管辖用）

（××××）×行×字第××号

××××人民法院发现原告×××诉被告×××……（写明案由）一案不属于其管辖，于××××年××月××日移送××××人民法院（报请的人民法院），××××人民法院（报请的人民法院）认为该案件也不属其管辖，报请本院指定管辖。

本院认为，……（简要说明指定管辖的理由）。依照《中华人民共和国行政诉讼法》第二十二条的规定，裁定如下：

本案由××××人民法院（下级人民法院）管辖。

××××年××月××日

（院印）

【说明】

一、本裁定书适用于《中华人民共和国行政诉讼法》第二十二条规定的情形。

二、本裁定书送达报请的人民法院、被指定管辖的人民法院以及各方当事人。

行政诉讼文书样式20：行政裁定书

（依职权决定审理下级人民法院案件用）

××××人民法院

行政裁定书

（依职权决定审理下级人民法院案件用）

（××××）×行×字第××号

原告×××诉被告×××……（写明案由）一案，××××人民法院（受诉人民法院）已经立案。

本院认为，……（简要说明决定自己审理的理由）。依照《中华人民共和国行政诉讼法》第二十四条第一款的规定，裁定如下：

本案由本院审理。

××××年××月××日

（院印）

【说明】

一、本裁定书适用于《中华人民共和国行政诉讼法》第二十四条第一款规定的情形。

二、本裁定书送达受诉人民法院及各方当事人。

行政诉讼文书样式21：行政裁定书

（驳回起诉用）

××××人民法院

行政裁定书

（驳回起诉用）

（××××）×××字第××号

原告×××，……（写明姓名或名称等基本情况）。

被告×××，……（写明姓名或名称等基本情况）。

第三人×××，……（写明姓名或名称等基本情况）。

（当事人及其他诉讼参加人的列项和基本情况的写法，除当事人的称谓外，与一审行政判决书样式相同。）

原告×××诉被告×××……（写明案由）一案，本院受理后，依法组成合议庭（或依法由审判员×××独任审判），公开（或不公开）开庭审理了本案，现已审理终结（未开庭的，写“本院依法进行了审理，现已审理终结”）。

……（概括写明原告起诉的事由）。

……（各方当事人对案件是否符合起诉条件有争议的，围绕争议内容分别概括写明原告、被告、第三人的意见及所依据的事实和理由；如果没有，此项不写）。

经审理查明，……（各方当事人对案件是否符合起诉条件的相关事实有争议的，写明法院对该事实认定情况；如果没有，此项不写）。

本院认为，……（写明驳回起诉的理由）。依照……（写明裁定依据的行政诉讼法以及相关司法解释的条、款、项、目，如《最高人民法院关于适用〈中华人民共和国行政诉讼法〉若干问题的解释》第三条第一款）的规定，裁定如下：

驳回原告×××的起诉。

……（写明诉讼费用的负担）。

如不服本裁定，可在裁定书送达之日起十日内，向本院递交上诉状，并按对方当事人的人数提出副本，上诉于××××人民法院。

审判长×××
审判员×××
审判员×××

××××年××月××日
（院印）

本件与原本核对无异

书记员×××

【说明】

一、本裁定书供第一审人民法院对已经受理的行政诉讼案件，在审理过程中发现属于《最高人民法院关于适用〈中华人民共和国行政诉讼法〉若干问题的解释》第三条第一款规定的情形，裁定驳回起诉时使用。

二、裁定事实、理由部分仅需围绕本案是否符合起诉条件予以写明。注意运用法律规范，对案件是否符合起诉条件进行分析论证，对各方当事人提出的与起诉条件相关的诉讼理由逐一分析，论证是否成立，表明是否予以支持或采纳，并说明理由。

行政诉讼文书样式22：行政裁定书
（证据保全用）

××××人民法院
行政裁定书
（证据保全用）

（××××）×行×字第××号

申请人×××，……（写明姓名或名称等基本情况）。

被申请人×××，……（写明姓名或名称等基本情况）。

本院在审理×××诉×××（写明当事人姓名或者名称及案由）一案中，×××（写明申请人姓名或者名称）于××××年××月××日向本院提出证据保全申请，请求……（写明当事人申请对何证据采取何种保全方法，当事人提供担保的情况）。

本院经审查认为，……（人民法院作出证据保全裁定的理由）。依照《中华人民共和国行政诉讼法》第四十二条、《最高人民法院关于行政诉讼证据若干问题的规定》第二十七条第二款的规定，裁定如下：……（保全的证据名称、数量等情况及保全方法）。

审判长×××
审判员×××
审判员×××

××××年××月××日
（院印）

本件与原本核对无异

书记员×××

【说明】

一、本裁定书适用于《中华人民共和国行政诉讼法》第四十二条、《最高人民法院关于行政诉讼证据若干问题的规定》第二十七条第二款规定的情形。

二、本裁定书应当送达申请人以及所涉及的各方当事人或相关的第三人。

行政诉讼文书样式23：行政裁定书
（先予执行用）

××××人民法院
行政裁定书
（先予执行用）

（××××）×行×字第××号

原告×××，……（写明姓名或名称等基本情况）。
被告×××，……（写明姓名或名称等基本情况）。
第三人×××，……（写明姓名或名称等基本情况）。
（当事人及其他诉讼参加人的列项和基本情况的写法，除当事人的称谓外，与一审行政判决书样式相同。）
本院在审理原告×××诉被告×××……（写明案由）一案中，原告×××于××××年××月××日向本院提出先予执行的申请，要求……（概括写明请求的具体内容）。
本院认为，……（写明决定先予执行的理由）。依照《中华人民共和国行政诉讼法》第五十七条的规定，裁定如下：
……（写明先予执行的内容及其时间和方式）。
本裁定书送达后立即执行。
如不服本裁定，可以向本院申请复议一次。复议期间不停止裁定的执行。

审判长×××
审判员×××
审判员×××

××××年××月××日
（院印）

本件与原本核对无异

书记员×××

【说明】

一、本裁定书适用于《中华人民共和国行政诉讼法》第五十七条规定的情形。

二、二审先予执行的行政裁定书，可参照本样式制作。

行政诉讼文书样式 24：行政裁定书

（依申请停止执行行政行为或驳回申请用）

×××× 人民法院

行政裁定书

（依申请停止执行行政行为或驳回申请用）

（××××）×××字第××号

原告×××，……（写明姓名或名称等基本情况）。

被告×××，……（写明姓名或名称等基本情况）。

第三人×××，……（写明姓名或名称等基本情况）。

（当事人及其他诉讼参加人的列项和基本情况的写法，除当事人的称谓外，与一审行政判决书样式相同。）

本院在审理原告×××诉被告×××……（写明案由）一案中，原告（或者利害关系人）×××认为……（写明停止执行行政行为的理由），向本院申请停止执行……（写明停止执行行政行为的名称）。

本院认为，……（写明应当停止执行行政行为或者驳回申请的理由）。依照《中华人民共和国行政诉讼法》第五十六条第一款（裁定停止执行的，需写明“第（二）项”）的规定，裁定如下：

……（写明裁定结果）。

如不服本裁定，可以向本院申请复议一次，复议期间不停止裁定的执行。

审判长×××

审判员×××

审判员×××

××××年××月××日
（院印）

本件与原本核对无异

书记员×××

【说明】

一、本裁定书适用于《中华人民共和国行政诉讼法》第五十六条规定的情形，供受诉法院收到原告或利害关系人申请停止执行某一行政行为的申请后，经审查，决定停止执行该行政行为或者驳回申请时使用。

二、“裁定结果”部分分为两种情况：

第一，停止执行的，写：

“在本案诉讼期间，停止执行……（写明停止执行行政行为的名称）。”

第二，驳回申请的，写：

“驳回原告（或利害关系人）×××的申请。”

行政诉讼文书样式25：行政裁定书

（依职权停止执行行政行为用）

×××× 人民法院

行政裁定书

（依职权停止执行行政行为用）

（××××）×××字第××号

原告×××，……（写明姓名或名称等基本情况）。

被告×××，……（写明姓名或名称等基本情况）。

第三人×××，……（写明姓名或名称等基本情况）。

（当事人及其他诉讼参加人的列项和基本情况的写法，除当事人的称谓外，与一审行政判决书样式相同。）

本院在审理原告×××诉被告×××……（写明案由）一案中，发现……（写明停止执行行政行为的理由），认为应停止执行……（写明停止执行行政行为的名称）。依照《中华人民共和国行政诉讼法》第五十六条第一款第（三）项的规定，裁定如下：

在本案诉讼期间，停止执行……（写明停止执行行政行为的名称）。

如不服本裁定，可以向本院申请复议一次，复议期间不停止裁定的执行。

审判长×××

审判员×××

审判员×××

××××年××月××日
（院印）

本件与原本核对无异

书记员×××

【说明】

本裁定书适用于《中华人民共和国行政诉讼法》第五十六条规定的情形，供受诉法院决定停止执行行政行为时使用。

行政诉讼文书样式26：行政裁定书

（一审准许或不准许撤回起诉用）

××××人民法院

行政裁定书

（一审准许或不准许撤回起诉用）

（××××）×××字第××号

原告×××，……（写明姓名或名称等基本情况）。

被告×××，……（写明姓名或名称等基本情况）。

第三人×××，……（写明姓名或名称等基本情况）。

（当事人及其他诉讼参加人的列项和基本情况的写法，除当事人的称谓外，与一审行政判决书样式相同。）

本院在审理原告×××诉被告×××……（写明案由）一案中，原告×××……（简要写明原告提出的撤诉请求和理由）。

本院认为，……（写明准许撤诉或不准许撤诉的理由）。依照《中华人民共和国行政诉讼法》第六十二条的规定，裁定如下：

……（写明裁定结果）。

……（准许撤诉的，写明诉讼费用的负担；不准许撤诉的，此项不写）。

审判长×××

审判员×××

审判员×××

××××年××月××日

（院印）

本件与原本核对无异

书记员×××

【说明】

一、本裁定书适用于《中华人民共和国行政诉讼法》第六十二条规定的情形，供第一审人民法院在收到原告要求撤回起诉的申请后，经审查，决定准许撤诉或者不准许撤诉时使用。

二、裁定书正文中，应当写明准许撤诉或者不准许撤诉的理由。准许撤诉裁定可以载明被告改变被诉行政行为的主要内容及履行情况，并可以根据案件具体情况，在裁定理由中明确被诉行政行为全部或者部分不再执行。

三、原告处分自己的诉讼权利，必须在法律规定的范围内进行，以不损害国家、社会的利益以及他人的合法权益为前提；即使行政机关改变其所作的行政行为，原告同意并申请撤诉的，也必须以合法为条件。

四、“裁定结果”部分分为两种情况：

第一，准许撤诉的，写：

“准许原告×××撤回起诉。”

第二，不准许撤诉的，写：

“不准许原告×××撤诉，本案继续审理。”

五、对于不符合撤回起诉的条件的，一般可以口头裁定，但必要时也可书面裁定。

行政诉讼文书样式27：行政裁定书
（一审按撤诉处理用）

×××××人民法院
行政裁定书
（一审按撤诉处理用）

（××××）×行初字第××号

原告×××，……（写明姓名或名称等基本情况）。

被告×××，……（写明姓名或名称等基本情况）。

第三人×××，……（写明姓名或名称等基本情况）。

（当事人及其他诉讼参加人的列项和基本情况的写法，除当事人的称谓外，与一审行政判决书样式相同。）

本院在审理原告×××诉被告×××……（写明案由）一案中，因……（写明原告不预交诉讼费；或者经传票传唤，无正当理由拒不到庭；或者到庭后未经法庭准许中途退庭以及其他特殊情形）。依照……（写明裁定依据的法律以及相关司法解释的条、款、项、目）的规定，裁定如下：

本案按照撤诉处理。

……（写明诉讼费用的负担）。

审判长×××

审判员×××

审判员×××

××××年××月××日
（院印）

本件与原本核对无异

书记员×××

【说明】

一、本裁定书适用于《中华人民共和国行政诉讼法》第五十八条、《诉讼费用交纳办法》第二十条和《最高人民法院关于适用〈诉讼费用交纳办法〉的通知》第二条规定的情形。

二、本裁定书供第一审人民法院在立案过程中，当事人未按照规定交纳案件受理费，决定按照当事人自动撤诉处理时使用；以及第一审人民法院在立案后，按照第一审程序审理过程中，经传票传唤，原告无正当理由拒不到庭，或者未经法庭许可中途退庭，决定按照撤诉处理时使用。

三、上诉人未按照规定交纳二审案件受理费，第二审人民法院决定按照当事人自动撤诉处理，以及第二审程序审理过程中，经传票传唤，上诉人无正当理由拒不到庭，或者未经法庭许可中途退庭，第二审人民法院决定按照撤诉处理时，二审裁定书参照此格式撰写。裁定主文表述为：

“本案按撤诉处理，各方当事人按一审判决执行。

……（写明诉讼费用的负担）。

本裁定为终审裁定。”

行政诉讼文书样式28：行政裁定书

（中止或终结诉讼用）

××××人民法院

行政裁定书

（中止或终结诉讼用）

（××××）×行×字第××号

原告×××，……（写明姓名或名称等基本情况）。

被告×××，……（写明姓名或名称等基本情况）。

第三人×××，……（写明姓名或名称等基本情况）。

（当事人及其他诉讼参加人的列项和基本情况的写法，除当事人的称谓外，与一审行政判决书样式相同。如果原告已经死亡，其基本情况只写姓名、性别和死亡年月日。）

本院在审理原告×××诉被告×××……（写明案由）一案中，……（写明中止或终结诉讼的事实根据）。依照……（写明裁定依据的法律以及相关司法解释的条、款、项、目）的规定，裁定如下：

……（写明裁定结果）。

……（写明诉讼费用的负担）。

审判长×××

审判员×××

审判员×××

××××年××月××日

（院印）

本件与原本核对无异

书记员×××

【说明】

一、本裁定书适用于《中华人民共和国行政诉讼法》第六十一条第二款，或者《最高人民法院关于执行〈中华人民共和国行政诉讼法〉若干问题的解释》第五十一条、第五十二条或《中华人民共和国行政诉讼法》第一百零一条、《中华人民共和国民事诉讼法》第一百五十条、第一百五十一条规定的暂时停止诉讼或结束诉讼的情形。

二、"裁定结果"部分分为两种情况：

第一，中止诉讼的，写：

"本案中止诉讼。"

第二，终结诉讼的，写：

"本案终结诉讼。

……（写明诉讼费用的负担）。"

三、可以中止和终结诉讼的，主要包括以下情形：

1.《最高人民法院关于执行〈中华人民共和国行政诉讼法〉若干问题的解释》第五十一条："在诉讼过程中，有下列情形之一的，中止诉讼：

（一）原告死亡，须等待其近亲属表明是否参加诉讼的；

（二）原告丧失诉讼行为能力，尚未确定法定代理人的；

（三）作为一方当事人的行政机关、法人或者其他组织终止，尚未确定权利义务承受人的；

（四）一方当事人因不可抗力的事由不能参加诉讼的；

（五）案件涉及法律适用问题，需要送请有权机关作出解释或者确认的；

（六）案件的审判须以相关民事、刑事或者其他行政案件的审理结果为依据，而相关案件尚未审结的；

（七）其他应当中止诉讼的情形。

中止诉讼的原因消除后，恢复诉讼。"

2.《最高人民法院关于执行〈中华人民共和国行政诉讼法〉若干问题的解释》第五十二条："在诉讼过程中，有下列情形之一的，终结诉讼：

（一）原告死亡，没有近亲属或者近亲属放弃诉讼权利的；

（二）作为原告的法人或者其他组织终止后，其权利义务的承受人放弃诉讼权利的。

因本解释第五十一条第一款第（一）、（二）、（三）项原因中止诉讼满 90 日仍无人继续诉讼的，裁定终结诉讼，但有特殊情况的除外。"

3.《中华人民共和国民事诉讼法》第一百五十条：“有下列情形之一的，中止诉讼：

（一）一方当事人死亡，需要等待继承人表明是否参加诉讼的；

（二）一方当事人丧失诉讼行为能力，尚未确定法定代理人的；

（三）作为一方当事人的法人或者其他组织终止，尚未确定权利义务承受人的；

（四）一方当事人因不可抗力的事由，不能参加诉讼的；

（五）本案必须以另一案的审理结果为依据，而另一案尚未审结的；

（六）其他应当中止诉讼的情形。

中止诉讼的原因消除后，恢复诉讼。”

4.《中华人民共和国民事诉讼法》第一百五十一条：“有下列情形之一的，终结诉讼：

（一）原告死亡，没有继承人，或者继承人放弃诉讼权利的；

（二）被告死亡，没有遗产，也没有应当承担义务的人的；

（三）离婚案件一方当事人死亡的；

（四）追索赡养费、扶养费、抚育费以及解除收养关系案件的一方当事人死亡的。”

四、二审中止或终结诉讼的行政裁定书，可参照本样式制作。

行政诉讼文书样式29：行政裁定书

（二审维持或者撤销一审不予立案裁定用）

××××人民法院

行政裁定书

（二审维持或者撤销一审不予立案裁定用）

（××××）×行终字第××号

上诉人×××，……（写明姓名或名称等基本情况）。

被上诉人×××，……（如明确，写明姓名或名称等基本情况）。

（当事人及其他诉讼参加人的列项和基本情况的写法，除当事人的称谓外，与二审行政判决书样式相同。）

上诉人×××因……（写明案由）一案，不服××××人民法院（××××）×行初字第××号行政裁定，向本院提起上诉。

上诉人×××上诉称，……（概述上诉请求与理由）。

本院认为，……（简要写明驳回上诉或者撤销原裁定的理由）。依照……（写明裁定依据的法律以及相关司法解释的条、款、项、目）的规定，裁定如下：

……（写明裁定结果）。

本裁定为终审裁定。

审判长×××

审判员×××

审判员×××

××××年××月××日

（院印）

本件与原本核对无异

书记员×××

【说明】

一、本裁定适用于《中华人民共和国行政诉讼法》第八十九条第一款第（一）项、第（二）项、《最高人民法院关于执行〈中华人民共和国行政诉讼法〉若干问题的解释》第六十八条规定的情形。

二、“裁定结果”部分分为两种情况：

第一，维持原裁定的，写：

“驳回上诉，维持原裁定。”

第二，撤销原裁定的，写：

“一、撤销××××人民法院（××××）×行初字第××号行政裁定；

二、本案指令××××人民法院予以立案。”

行政诉讼文书样式30：行政裁定书

（二审维持或者撤销一审驳回起诉裁定用）

×××× 人民法院

行政裁定书

（二审维持或者撤销一审驳回起诉裁定用）

（××××）×行终字第××号

上诉人（原审×告）×××，……（写明姓名或名称等基本情况）。

被上诉人（原审×告）×××，……（写明姓名或名称等基本情况）。

（当事人及其他诉讼参加人的列项和基本情况的写法，除当事人的称谓外，与二审行政判决书样式相同。）

上诉人×××因……（写明案由）一案，不服××××人民法院（××××）×行初字第××号行政裁定，向本院提起上诉。本院受理后，依法组成合议庭，公开（不公开）开庭审理了本案。（未开庭的，写“本院受理后，依法组成合议庭审理了本案。”）

……（概括写明原审认定的事实和裁定结果，简述上诉人的上诉请求及其主要理由）。

经审理查明，……（写明二审认定的与起诉条件有关事实、证据和相关依据）。

本院认为，……（写明二审裁定的理由）。依照……（写明裁定依据的法律以及相关司法解释的条、款、项、目）的规定，裁定如下：

……（写明裁定结果）。

本裁定为终审裁定。

审判长×××

审判员×××

审判员×××

××××年××月××日
（院印）

本件与原本核对无异

书记员×××

【说明】

一、本裁定书适用于《中华人民共和国行政诉讼法》第八十九条第一款第（一）项、第（二）项及《最高人民法院关于执行〈中华人民共和国行政诉讼法〉若干问题的解释》第六十八条规定的情形。

二、二审未开庭，或者案情简单、法律问题清晰，是否符合起诉条件容易判断的，二审裁定书简写。二审已开庭并且案情复杂或者法律问题疑难的，二审裁定书可以参照二审判决书的格式撰写，但与起诉条件无关的内容不写。

三、“裁定结果”部分分为两种情况：

第一，驳回上诉，维持原裁定的，写：

“驳回上诉，维持原裁定。”

第二，撤销原裁定，应继续审理的，写：

“一、撤销××××人民法院（××××）×行初字第××号行政裁定；

二、本案指令××××人民法院继续审理。”

行政诉讼文书样式31：行政裁定书

（二审撤销一审判决迳行驳回起诉用）

××××人民法院

行政裁定书

（二审撤销一审判决迳行驳回起诉用）

（××××）×行终字第××号

上诉人（原审×告）×××，……（写明姓名或名称等基本情况）。

被上诉人（原审×告）×××，……（写明姓名或名称等基本情况）。

（当事人及其他诉讼参加人的列项和基本情况的写法，除当事人的称谓外，与二审行政判决书样式相同。）

上诉人×××因……（写明案由）一案，不服××××人民法院（××××）×行初字第××号行政判决，向本院提起上诉。本院受理后，依法组成合议庭，公开（不公开）开庭审理了本案，现已审理终结。（未开庭的，写："本院受理后，依法组成合议庭审理了本案。"）

（当事人诉辩意见以及事实认定部分的写法，与二审行政判决书样式相同。）

本院认为，……（写明迳行驳回起诉的理由）。依照……（写明裁定依据的法律以及相关司法解释的条、款、项、目）的规定，裁定如下：

一、撤销××××人民法院（××××）×行初字第××号行政判决；

二、驳回×××的起诉。

本裁定为终审裁定。

审判长×××

审判员×××

审判员×××

××××年××月××日

（院印）

本件与原本核对无异

书记员×××

【说明】

一、本裁定书适用于《中华人民共和国行政诉讼法》第八十九条第一款第（二）项、《最高人民法院关于执行〈中华人民共和国行政诉讼法〉若干问题的解释》第七十九条第（一）项规定的情形。

二、本裁定书供第二审人民法院在收到当事人不服一审判决提起上诉的行政案件，按照第二审程序审理后，认为不应当立案，决定撤销原实体判决，迳行驳回起诉时使用。

三、裁定书事实部分的写法与二审行政判决书样式相同。

行政诉讼文书样式32：行政裁定书

（二审准许或不准许撤诉用）

××××人民法院

行政裁定书

（二审准许或不准许撤诉用）

（××××）×行终字第××号

上诉人（原审×告）×××，……（写明姓名或名称等基本情况）。

被上诉人（原审×告）×××，……（写明姓名或名称等基本情况）。

（当事人及其他诉讼参加人的列项和基本情况的写法，除当事人的称谓外，与二审行政判决书样式相同。）

上诉人×××因……（写明案由）一案，不服××××人民法院（××××）×行初字第××号行政判决，向本院提起上诉。在本院审理过程中，上诉人×××以……（简要写明撤回上诉的理由）为由，向本院申请撤回上诉。

本院认为，……（简要写明准许或者不准许撤回上诉的理由）。依照《中华人民共和国行政诉讼法》第六十二条之规定，裁定如下：

……（写明裁定结果）。

……（准许撤回上诉的，写明诉讼费用的负担；不准许撤回上诉的，此项不写。）

本裁定为终审裁定（不准许撤回上诉的不写此项）。

审判长×××

审判员×××

审判员×××

××××年××月××日
（院印）

本件与原本核对无异

书记员×××

【说明】

一、本裁定适用于《中华人民共和国行政诉讼法》第六十二条和《最高人民法院关于执行〈中华人民共和国行政诉讼法〉若干问题的解释》第六十三条第一款第（十）项规定的情形。

二、本裁定书供第二审人民法院对上诉人提出撤回上诉的行政案件，决定是否准许撤回上诉时使用。

三、裁定书的正文部分，应当对上诉人申请撤回上诉的行为是否合法作出评断，写明准许撤回上诉或者不准许撤回上诉的理由。

四、“裁定结果”部分分为两种情况：

第一，准许撤诉的，写：

“准许上诉人×××撤回上诉。”

第二，不准许撤诉的，写：

“不准许上诉人×××撤回上诉，本案继续审理。”

五、对于不准许撤回上诉的案件，一般口头裁定即可，必要时也可作出书面裁定。但口头裁定应记录在案。

六、对于二审审理过程中上诉人申请撤回上诉，原审原告申请撤回起诉的情况，可以一并作出准许或者不准许撤回上诉、撤回起诉的裁定；准许撤回上诉和撤回起诉的，表述为：“一、准许上诉人×××撤回上诉；二、准许原审原告×××撤回起诉；三、一审判决（裁定）视为撤销。”

七、再审案件审理过程中，当事人申请撤回再审申请的，是否准许裁定书，参照此样式撰写。

行政诉讼文书样式33：行政裁定书

（二审发回重审用）

×××××人民法院

行政裁定书

（二审发回重审用）

（××××）×行终字第××号

上诉人（原审×告）×××，……（写明姓名或名称等基本情况）。

被上诉人（原审×告）×××，……（写明姓名或名称等基本情况）。

原审第三人（或者一审判决的其他称谓）×××，……（写明姓名或名称等基本情况）。

（当事人及其他诉讼参加人的列项和基本情况的写法，除当事人的称谓外，与二审行政判决书样式相同。）

上诉人×××因……（写明案由）一案，不服××××人民法院（××××）×行初字第××号行政判决，向本院提起上诉。本院受理后，依法组成合议庭，公开（不公开）开庭审理了本案。（未开庭的，写“本院受理后，依法组成合议庭审理了本案。”）

上诉人×××上诉称，……

被上诉人×××答辩称，……

原审第三人（或者一审判决的其他称谓）述称，……

经审理查明，……（经审理查明的案件事实内容，主要写据以作出发回重审裁定的相关事实，与发回重审无关的可少写或不写）。

本院认为，……（写明发回重审的理由，概括指引如何操作）。依照……（写明裁定依据的法律以及相关司法解释的条、款、项、目）的规定，裁定如下：

一、撤销××××人民法院（××××）×行初字第××号行政判决；

二、发回××××人民法院重审。

审判长 × × ×

审判员 × × ×

审判员 × × ×

× × × ×年 × ×月 × ×日

（院印）

本件与原本核对无异

书记员 × × ×

【说明】

一、本裁定书适用于《中华人民共和国行政诉讼法》第八十九条第一款第（三）项和第（四）项规定的情形。如《中华人民共和国行政诉讼法》无相关直接规定，也可以引用《最高人民法院关于执行〈中华人民共和国行政诉讼法〉若干问题的解释》相关规定。

二、本裁定书供第二审人民法院在收到当事人不服一审行政判决提起上诉的行政案件，按照第二审程序审理后，认为原判决认定基本事实不清、证据不足，遗漏当事人或者违法缺席判决等严重违反法定程序，决定撤销原判决，发回原审人民法院重审时使用。

三、裁定书的正文部分，要详细写明原判决认定基本事实不清、证据不足，遗漏当事人或者违法缺席判决等严重违反法定程序而可能影响正确判决的理由。对原裁判存在的问题一律在裁判文书中予以表述，原则上不再发内部函。

行政诉讼文书样式34：行政裁定书
（上一级法院驳回当事人再审申请用）

××××人民法院
行政裁定书
（上一级法院驳回当事人再审申请用）

（××××）×行申字第××号

再审申请人（写明原审诉讼地位）×××，……（写明姓名或名称等基本情况）。

被申请人（写明原审诉讼地位）×××，……（写明姓名或名称等基本情况）。

原审第三人（或原生效裁判中的其他称谓）×××，……（写明姓名或名称等基本情况）。

（当事人及其他诉讼参加人的列项和基本情况的写法与再审行政判决书样式相同。）

再审申请人×××因×××诉×××……（写明案由）一案，不服××××人民法院（××××）×行终字第××号行政判决（裁定或者调解书），向本院申请再审。本院依法组成合议庭对本案进行了审查，现已审查终结。

×××（再审申请人）申请再审称，……（概括申请再审的事实与理由）。

×××（被申请人）提交意见称，……（被申请人未提交书面或口头意见的，不写）。

本院经审查查明，……（写明审查过程中查明的新的事实和证据、写明当事人诉讼主体资格变化等情况，对于原审查明的事实不予表态。没有新的事实和证据的，不写）。

本院认为，……（写明法院驳回的理由）。

综上，×××的再审申请不符合《中华人民共和国行政诉讼法》第九十一条第×项规定的情形。依照《最高人民法院关于执行〈中华人民共和国行政诉讼法〉若干问题的解释》第七十四条的规定，裁定如下：

驳回×××的再审申请。

审判长×××
审判员×××
审判员×××

××××年××月××日
（院印）

本件与原本核对无异

书记员×××

【说明】

一、本裁定书供上一级人民法院对当事人提出的再审申请进行审查后，认为本案不符合《中华人民共和国行政诉讼法》第九十一条、《最高人民法院关于适用〈中华人民共和国行政诉讼法〉若干问题的解释》第二十四的规定，予以驳回时使用。

二、当事人对调解书申请再审的，“裁定如下”前写：

“综上，×××的再审申请不符合《中华人民共和国民事诉讼法》第二百零一条规定的情形。依照《中华人民共和国行政诉讼法》第一百零一条、《最高人民法院关于执行〈中华人民共和国行政诉讼法〉若干问题的解释》第七十四条的规定……”

三、再审申请超过法定期限的，“裁定如下”前写：

“申请人×××的再审申请已超过《最高人民法院关于适用〈中华人民共和国行政诉讼法〉若干问题的解释》第二十四规定的申请再审期限。依照《最高人民法院关于执行〈中华人民共和国行政诉讼法〉若干问题的解释》第七十四条的规定……”

行政诉讼文书样式35：行政裁定书
（上一级法院根据再审申请提审用）

××××人民法院
行政裁定书
（上一级法院根据再审申请提审用）

（××××）×行申字第××号

再审申请人（写明原审诉讼地位）×××，……（写明姓名或名称等基本情况）。

被申请人（写明原审诉讼地位）×××，……（写明姓名或名称等基本情况）。

原审第三人（或原审中的其他称谓）×××，……（写明姓名或名称等基本情况）。

（当事人及其他诉讼参加人的列项和基本情况的写法与再审行政判决书样式相同。）

再审申请人×××因×××诉×××……（写明案由）一案，不服××××人民法院（××××）×行终字第××号行政判决（裁定或者调解书），向本院申请再审。本院依法组成合议庭对本案进行了审查，现已审查终结。

（当事人诉辩意见的写法，与再审行政判决书样式相同。）

本院认为，……（简要写明提起再审的理由）。依照……（写明裁定依据的法律以及相关司法解释的条、款、项、目）的规定，裁定如下：

……（写明裁定结果）。

审判长×××
审判员×××
审判员×××

××××年××月××日

（院印）

本件与原本核对无异

书记员×××

【说明】

一、本裁定书供上一级人民法院对当事人提出的再审申请进行审查后，认为本案符合《中华人民共和国行政诉讼法》第九十一条规定的再审条件，裁定由本院提审时使用。

二、在阐述裁定理由时，指出本案符合法律规定的情形即可，可以不作“原判确有错误”“原判认定事实不清、适用法律有误”之类的表述。

三、当事人双方申请再审，一方主张的再审事由成立，另一方主张的再审事由不成立的，本裁定书仅写明一方的再审申请符合法律规定的情形，对于另一方再审申请是否成立不必表态。

四、当事人在上级法院再审审查阶段达成调解协议，申请裁定提审后制作行政调解书的，提审理由写：

“本院再审审查过程中，经本院主持调解，当事人自愿达成调解协议，申请由本院制作行政调解书。依照……（写明裁定依据的法律以及相关司法解释的条、款、项、目），裁定如下：……”

五“裁定结果”部分分为三种情况：

第一，一般情形，写：

“一、本案由本院提审；

二、再审期间，中止原判决（裁定或调解书）的执行。”

第二，若该案为支付抚恤金、最低生活保障待遇或者社会保险待遇案件，人民法院经审查认为可以不中止执行的，提审裁定主文第二项写：

“二、再审期间，不中止原判决（裁定或调解书）的执行。”

第三，原生效裁判没有实际执行内容的，如“驳回起诉”“驳回诉讼请求”等，只写“本案由本院提审”，主文第二项不予表述。指令再审裁定和本院再审裁定亦同。

行政诉讼文书样式36：行政裁定书

（依职权提审或者指令下级法院再审用）

××××人民法院

行政裁定书

（依职权提审或者指令下级法院再审用）

（××××）×行监字第××号

原告×××诉被告×××……（写明案由）一案，××××人民法院已于××××年××月××日作出（××××）×行×字××号行政判决（裁定或调解书），该判决（裁定或调解书）已发生法律效力。在……（简要写明发现途径）中，本院发现，……（简要写明发现的问题）。本院依法组成合议庭对本案进行审查，现已审查终结。

本院认为，……（简要写明提起再审的事实、法律、程序等理由）。经本院审判委员会讨论（未经审判委员会讨论的不写此项），依照《中华人民共和国行政诉讼法》第九十二条第二款的规定，裁定如下：

……（写明裁定结果）。

审判长×××
审判员×××
审判员×××

××××年××月××日
（院印）

本件与原本核对无异

书记员×××

【说明】

一、本裁定书适用于《中华人民共和国行政诉讼法》第九十二条第二款规定的情形。

二、本裁定书供最高人民法院对地方各级人民法院已经发生法律效力的判决、裁定，上级人民法院对下级人民法院已经发生法律效力的判决、裁定，发现有《中华人民共和国行政诉讼法》第九十一条规定的情形之一，或者发现调解违反自愿原则或者调解书内容违法的，决定提审或者指令下级人民法院再审时使用。

三、在阐述裁定理由时，指出本案符合法律规定的情形即可，不需阐述具体理由，不作“原判确有错误”、“原判认定事实不清、适用法律有误”之类的表述。

四、“裁定结果”部分分为三种情况：

第一，一般情况，写：

“一、本案由本院提审（或者本案指令××××人民法院再审）；

二、再审期间，中止原判决（裁定或调解书）的执行。”

第二，若该案为支付抚恤金、最低生活保障待遇或者社会保险待遇案件，人民法院经审查认为可以不中止执行的，提审裁定主文第二项写：

“二、再审期间，不中止原判决（裁定或调解书）的执行。”

第三，原生效裁判没有实际执行内容的，如“驳回起诉”“驳回诉讼请求”等，只写“本案由本院提审”，主文第二项不予表述。指令再审裁定和本院再审裁定亦同。

行政诉讼文书样式37：行政裁定书

（依职权裁定再审本院生效裁判用）

××××人民法院

行政裁定书

（依职权裁定再审本院生效裁判用）

（××××）×行监字第××号

（写明原审当事人的姓名或名称和案由）一案，本院已于××××年××月××日作出（××××）×行×字××号行政判决（裁定或调解书），该判决（裁定或调解书）已发生法律效力。在……（简要写明发现途径）中，本院发现……（简要写明发现的原生效裁判存在的可能违法情形）。本案经本院院长提交审判委员会讨论认为，……（简要写明本案应当提起再审的理由）。依照《中华人民共和国行政诉讼法》第九十二条第一款的规定，裁定如下：

……（写明裁定结果）。

审判长×××
审判员×××
审判员×××

××××年××月××日
（院印）

本件与原本核对无异

书记员×××

【说明】

一、本裁定书适用于《中华人民共和国行政诉讼法》第九十二条第一款规定的情形。

二、本裁定书供各级人民法院院长对本院已经发生法律效力的判决、裁定，发现有《中华人民共和国行政诉讼法》第九十一条规定情形之一，或者发现调解违反自愿原则或者调解书内容违法，认为需要再审的，并经审判委员会讨论决定再审时使用。

三、在阐述裁定理由时，指出本案符合法律规定的情形即可，不需阐述具体理由，不作“原判确有错误”“原判认定事实不清、适用法律有误”之类的表述。

四、当事人在上级法院再审审查阶段达成调解协议，申请裁定提审后制作行政调解书的，提审理由写：

“本院再审审查过程中，经本院主持调解，当事人自愿达成调解协议，申请由本院制作行政调解书。依照……（写明裁定依据的法律以及相关司法解释的条、款、项、目），裁定如下：……”

五、“裁定结果”部分分为三种情况：

第一，一般情况，写：

“一、本案由本院提审（或者本案指令××××人民法院再审）；

二、再审期间，中止原判决（裁定或调解书）的执行。”

第二，若该案为支付抚恤金、最低生活保障待遇或者社会保险待遇案件，人民法院经审查认为可以不中止执行的，提审裁定主文第二项写：

“二、再审期间，不中止原判决（裁定或调解书）的执行。”

第三，原生效裁判没有实际执行内容的，如“驳回起诉”“驳回诉讼请求”等，只写“本案由本院提审”，主文第二项不予表述。指令再审裁定和本院再审裁定亦同。

行政诉讼文书样式38：行政裁定书

（不予受理非诉执行申请用）

××××人民法院

行政裁定书

（不予受理非诉执行申请用）

（××××）×行非执字第××号

申请执行人×××，……（写明行政主体名称和所在地址）。

法定代表人×××，……（写明姓名、职务）。

委托代理人×××，……（写明姓名等基本情况）。

××××年××月××日，本院收到×××的强制执行申请书，……（写明申请强制执行的事由）。

本院认为，……（写明不符合申请条件而不予受理的理由）。依照《中华人民共和国行政诉讼法》第九十七条、《中华人民共和国行政强制法》第五十六条第二款和《最高人民法院关于执行〈中华人民共和国行政诉讼法〉若干问题的解释》第八十六条第二款的规定，裁定如下：

对×××的强制执行申请，本院不予受理。

申请执行人如不服本裁定，可以在收到裁定书之日起十五日内，通过本院向××××人民法院（上一级人民法院）申请复议，也可以直接向××××人民法院申请复议。

审判长×××

审判员×××

审判员×××

××××年××月××日
（院印）

本件与原本核对无异

书记员×××

【说明】

一、本裁定书供人民法院接到行政机关强制执行申请，决定不予受理时使用。

二、当事人直接向上一级人民法院递交复议申请的，参照《最高人民法院关于规范人民法院裁判文书相关表述及依法收转当事人诉讼材料的通知》（法〔2015〕57号）第四条精神办理。即上一级人民法院应当办理接收登记，出具接收单据，并自接收登记之日起五日内将复议申请书移交原审人民法院。

行政诉讼文书样式39：行政裁定书

（准予或不准予强制执行行政决定用）

××××人民法院

行政裁定书

（准予或不准予强制执行行政决定用）

（××××）×行非执字第××号

申请执行人×××，……（写明行政主体名称和所在地址）。

法定代表人×××，……（写明姓名、职务）。

委托代理人×××，……（写明姓名等基本情况）。

被执行人×××，……（写明姓名或名称等基本情况）。

法定代表人×××，……（写明姓名、职务）。

委托代理人（或指定代理人、法定代理人）×××，……（写明姓名等基本情况）。

申请执行人×××于××××年××月××日向本院申请强制执行（××××）××号××决定（或其他行政行为名称）。……（写明审查过程）。

……（写明申请执行人申请强制执行的具体执行内容、依据的事实和理由，提交的证据等）。

……（围绕听证会上双方当事人的争议焦点，概括写明各方当事人的意见、依据的事实和理由；如果没有听证，此项不写。）

经审查查明，……（针对行政机关强制执行申请所依据的事实，法院如有异议，写明认定情况；如无异议，此项不写）。

本院认为，……（写明准予强制执行或不准予强制执行的理由）。依照……（写明裁定依据的法律以及相关司法解释的条、款、项、目），裁定如下：

……（写明裁定结果）。

申请执行人如不服本裁定，可以在收到裁定书之日起十五日内，通过本院向××××人民法院（上一级人民法院）申请复议，也可以直接向××××人民法院申请复议。

审判长×××
审判员×××
审判员×××

××××年××月××日
（院印）

本件与原本核对无异

书记员×××

【说明】

一、本裁定书供行政机关申请人民法院强制执行行政行为，人民法院决定准予强制执行或不准予强制执行时使用。人民法院认为案件疑难复杂，需要组织听证的，应当在裁定书中列明具体情况。

二、“审查过程”部分分为两种情况：

第一，未听证的，写：

“本院依法进行了审查，本案现已审查终结。”

第二，听证的，写：

“本院受理后，依法组成合议庭（或依法由审判员×××独任审查），对本案进行了公开（或不公开）听证，本案现已审查终结。”

三、如果经过听证，“当事人的意见、依据的事实和理由”部分表述样式为：

“申请执行人称，……

被执行人辩称，……（可一并写明提交的证据）。”

四、“裁定依据的法律以及相关司法解释的条、款、项、目”主要包括《中华人民共和国行政诉讼法》第九十七条、《中华人民共和国行政强制法》第五十七条（或者第五十八条第二款，特定情形适用第五十九条）、第五十八条第三款和《最高人民法院关于执行〈中华人民共和国行政诉讼法〉若干问题的解释》第九十五条等规定。

五、“裁定结果”部分分为三种情况：

第一，准予强制执行，写：

“准予强制执行……”（写明准予强制执行的申请事项，如属于可由行政机关组织实施的，一并写明“由……组织实施”。）

第二，部分准予强制执行，写：

“准予强制执行……；不准予强制执行……”（写明准予和不准予强制执行的申请事项，如前者属于可由行政机关组织实施的，一并写明“由……组织实施”。）

第三，不准予强制执行的，写：

“不准予强制执行……”（写明不准予强制执行的申请事项。）

六、当事人直接向上一级人民法院递交复议申请的，参照《最高人民法院关于规范人民法院裁判文书相关表述及依法收转当事人诉讼材料的通知》（法〔2015〕57号）第四条精神办理。即：上一级人民法院应当办理接收登记，出具接收单据，并自接收登记之日起五日内将复议申请书移交原审人民法院。

行政诉讼文书样式40：行政裁定书

（上级法院复议非诉不予受理、不准予强制执行裁定用）

××××人民法院

行政裁定书

（上级法院复议非诉不予受理、不准予强制执行裁定用）

（××××）×行非执复字第××号

复议申请人（原申请执行人）×××，……（写明行政主体名称和所在地址）。

法定代表人×××，……（写明姓名、职务）。

委托代理人×××，……（写明姓名等基本情况）。

被申请人（原被执行人）×××，……（写明姓名或名称等基本情况，不服不予受理裁定的不写此项）。

法定代表人×××，……（写明姓名、职务）。

委托代理人×××，……（写明姓名等基本情况）。

复议申请人×××不服××××人民法院（××××）×行非执字第××号行政裁定，向本院提出复议申请。本案现已审查终结。

……（写明原申请事项、理由及下级法院原审查意见）。

……（写明复议请求及所依据的事实和理由）。

……（围绕听证会上双方当事人的争议焦点，参照准予或不准予强制执行裁定听证部分的样式，概括写明各方当事人的意见及所依据的事实和理由；如果没有听证，此项不写）。

经审查查明，……（写明法院在复议期间另查明的事实；如果没有，此项不写）。

本院认为，……（写明法院复议裁定的理由）。依照……（写明裁定依据的法律以及相关司法解释的条、款、项、目），裁定如下：

……（写明裁定结果）。

本裁定送达后即发生法律效力（发回重新审查的不写）。

审判长×××
审判员×××
审判员×××

××××年××月××日
（院印）

本件与原本核对无异

书记员×××

【说明】

一、本裁定书适用于《中华人民共和国行政强制法》第五十六条第二款、第五十八条第三款规定的行政机关因不服下级人民法院不予受理裁定或者不准予强制执行裁定申请复议，上一级人民法院在作出复议裁定时使用。对不准予执行裁定不服提起复议的，人民法院认为案件疑难复杂，需要组织听证的，应当在裁定书中列明具体情况。

二、“裁定依据的法律以及相关司法解释的条、款、项、目”主要包括《中华人民共和国行政诉讼法》第九十七条、《中华人民共和国行政强制法》第五十六条第二款（或者第五十八条第三款）和《最高人民法院关于执行〈中华人民共和国行政诉讼法〉若干问题的解释》第九十五条等规定。

三、“裁定结果”部分分为三种情况：

第一，维持原裁定的，写：

“驳回复议申请，维持原裁定。”

第二，认为应当受理的（或应当准予强制执行的），写：

“一、撤销××××人民法院（××××）×行非执字第××号行政裁定；

二、本案由××××人民法院立案受理（不服不准予强制执行裁定的复议案件中，根据准予或不准予强制执行申请裁定文书样式，写明准予或部分准予强制执行的裁定结果）。”

第三，认为需要发回进一步审查的，写：

“一、撤销××××人民法院（××××）×行非执字第××号行政裁定；

二、发回××××人民法院重新审查。”

行政诉讼文书样式41：行政裁定书

（补正裁判文书笔误用）

××××人民法院

行政裁定书

（补正裁判文书笔误用）

（××××）×××字第××号

本院××××年××月××日对原告×××诉被告×××……（写明案由）一案作出的（××××）×行×字第××号行政判决书（裁定书或调解书）中，文字上存在笔误，应予补正，现裁定如下：

原行政××书……（写明错、漏的字句及其所在页次和行数），现更正为……（写明改正、补充的字句）。

审判长×××

审判员×××

审判员×××

××××年××月××日

（院印）

本件与原本核对无异

书记员×××

【说明】

一、本样式供各级人民法院对于在本院发出的行政判决书、行政裁定书或者行政调解书中，发现有个别文字上的错误或者遗漏，予以改正、补充时使用。

二、本裁定书的案号应当与被补正的裁判文书相一致。本裁定书改正、补充的内容，仅限于裁判文书中的文字校对等技术上的失误，不涉及对实体（包括金额或者数额）和程序问题的处理。

三、补正二审和再审裁判文书笔误时参照本裁定书。

行政诉讼文书样式42：简易程序审理通知书
（通知简易程序审理和独任法官用）

××××人民法院
简易程序审理通知书
（通知简易程序审理和独任法官用）

（××××）×行初字第××号

×××：

你与×××（对方当事人名称）因……（写明案由）一案，根据《中华人民共和国行政诉讼法》第八十二条第一款第×项（写明适用的具体项）的规定，适用简易程序审理。

根据《中华人民共和国行政诉讼法》第八十三条的规定，本案由审判员×××一人独任审理，×××担任书记员，并在立案之日起四十五日内审结。当事人认为审判人员与本案有利害关系或者有其他关系可能影响公正审判的，有权申请回避，但应当说明理由。当事人申请回避，可以在开庭前提出；申请回避事由在案件开始审理后知道的，应当在法庭辩论终结前提出。

××××年××月××日
（院印）

【说明】

一、本样式根据《中华人民共和国行政诉讼法》第八十二条第一款、第八十三的规定，人民法院在立案时认为该案符合适用简易程序条件的，通知各方当事人时使用。

二、本通知书应送达各方当事人。

行政诉讼文书样式43：适用简易程序建议书

（适用简易程序征求当事人意见用）

××××人民法院

适用简易程序建议书

（适用简易程序征求当事人意见用）

（××××）×行初字第××号

×××：

你与×××（对方当事人姓名或名称）因……（写明案由）一案，本院已立案。为提高审判效率，及时解决行政争议，根据《中华人民共和国行政诉讼法》第八十二条第二款的规定，本院建议适用简易程序审理本案。适用简易程序审理的行政案件，将由审判员一人独任审理，并在立案之日起四十五日内审结。人民法院在审理过程中，发现案件不宜适用简易程序的，裁定转为普通程序审理。现征求你的意见，请你在收到本建议书之日起×日内回复我院是否同意适用简易程序审理本案。

××××年××月××日

（院印）

附：

回执

<table>
<tr><td>当事人：</td><td>案号：</td></tr>
<tr><td colspan="2">是否同意简易审理：

签名：
年　月　日</td></tr>
</table>

【说明】

本样式根据《中华人民共和国行政诉讼法》第八十二条第二款的规定制定，供人民法院在立案时或者庭审前认为该案符合适用简易程序条件的，征求各方当事人的意见时使用。

行政诉讼文书样式 44：行政裁定书

（简易程序转为普通程序用）

××××人民法院
行政裁定书
（简易程序转为普通程序用）

（××××）×行初字第××号

原告×××，……（写明姓名或名称等基本情况）。

法定代表人（或代表人）×××，……（写明姓名和职务）。

法定代理人（或指定代理人）×××，……（写明姓名等基本情况）。

委托代理人×××，……（写明姓名等基本情况）。

被告×××，……（写明姓名或名称等基本情况）。

法定代表人（或代表人）×××，……（写明姓名和职务）。

委托代理人×××，……（写明姓名等基本情况）。

第三人×××，……（写明姓名或名称等基本情况）。

法定代表人（或代表人）×××，……（写明姓名和职务）。

法定代理人（或指定代理人）×××，……（写明姓名等基本情况）。

委托代理人×××，……（写明姓名等基本情况）。

原告×××诉被告×××……（写明案由）一案，本院在适用简易程序审理的过程中，发现案件不宜适用简易程序，应转为普通程序。依照《中华人民共和国行政诉讼法》第八十四条的规定，裁定如下：

本案转为普通程序。

××××年××月××日

（院印）

【说明】

一、本裁定书适用于《中华人民共和国行政诉讼法》第八十四条规定的情形。

二、简易程序转为普通程序后，合议庭组成人员确定后，应当在三日内告知当事人。

三、简易程序转为普通程序后，如涉及举证期限变化的，应当及时告知各方当事人延长举证期限。

四、本裁定书送达各方当事人。

行政诉讼文书样式45：行政判决书

（一审请求撤销、变更行政行为类简易程序案件用）

××××人民法院

行政判决书

（一审请求撤销、变更行政行为类简易程序案件用）

（××××）×行初字第××号

原告×××，……（写明姓名或名称等基本情况）。

法定代表人（或代表人）×××，……（写明姓名和职务）。

法定代理人（或指定代理人）×××，……（写明姓名等基本情况）。

委托代理人×××，……（写明姓名等基本情况）。

被告×××，……（写明姓名或名称等基本情况）。

法定代表人（或代表人）×××，……（写明姓名和职务）。

委托代理人×××，……（写明姓名等基本情况）。

第三人×××，……（写明姓名或名称等基本情况）。

法定代表人（或代表人）×××，……（写明姓名和职务）。

法定代理人（或指定代理人）×××，……（写明姓名等基本情况）。

委托代理人×××，……（写明姓名等基本情况）。

原告×××不服被告×××（行政主体名称）……（行政行为），于××××年××月××日向本院提起行政诉讼。本院于××××年××月××日受理后依法由审判员×××适用简易程序公开（或不公开）开庭进行了审理。……（写明到庭参加庭审活动的当事人、诉讼代理人、证人、鉴定人、勘验人和翻译人员等）到庭参加诉讼。本案现已审理终结。

被告×××于××××年××月××日作出××号××决定（或其他名称），……（写明被诉行政行为认定的事实、适用的法律规范和处理的内容）。

原告×××诉称，……（概述原告所主张的事实和理由以及具体的诉讼请求）。

被告×××辩称，……（概述被告答辩的主要内容）。

第三人×××述称，……（概述第三人的主要意见）。

经审理查明，……（根据案情复杂程度，如果在被诉行政行为的记载部分已经写明案件事实，且当事人无争议的，该部分可酌情略写）。

以上事实有当事人提交的……（列举双方当事人的主要证据）在案佐证。（对于双方当事人有争议且对案件事实认定有实际影响的证据，应当写明采纳或者不采纳的意见；“经审理查明”部分已经与案件来源部分的叙述合并，且双方当事人对证据无争议的，该部分也可不写）。

本院认为，……（写明判决的理由）。依照……（写明判决所依据的法律以及相关司法解释的条、款、项、目）的规定，判决如下：

……（写明判决结果，参照一审请求撤销、变更行政行为类案件判决书样式）。

……（写明诉讼费用的负担）。

如不服本判决，可以在判决书送达之日起十五日内向本院递交上诉状，并按对方当事人的人数提出副本，上诉于××××人民法院。

审判员×××

××××年××月××日

（院印）

本件与原本核对无异

书记员×××

附：本判决适用的相关法律依据

【说明】

一、本判决书供人民法院在一审请求撤销、变更行政行为类简易程序案件中使用。

二、本判决书由首部、事实、理由、判决结果和尾部等五部分组成。

三、首部包括法院名称、文书种类、案号、诉讼参加人及其基本情况，以及案件由来、审判组织和审判方式等。

四、事实部分包括当事人的诉讼请求、事实和理由，法院认定的事实及证据。

五、理由部分包括判决的理由和判决所依据的法律。

六、判决结果是对案件实体问题的处理决定。判决结果要明确、具体、完整。

七、行政判决书经书记员核对无异后，应加盖“本件与原本核对无异”章。

八、附“本判决适用的法律依据”部分，根据案件的不同需要，可以将裁判文书中“本院认为”部分所适用的行政实体法律规范和裁判所直接依据的行政诉讼法和相关司法解释的相关条款的内容载入。顺序按行政实体法律规范、行政诉讼法和司法解释次序排列，并按1、2、3、4序号列明。

行政诉讼文书样式46：行政判决书
（一审请求履行法定职责或给付类简易程序案件用）

××××人民法院
行政判决书
（一审请求履行法定职责或给付类简易程序案件用）

（××××）×行×字第××号

原告×××，……（写明姓名或名称等基本情况）。
法定代表人（或代表人）×××，……（写明姓名和职务）。
法定代理人（或指定代理人）×××，……（写明姓名等基本情况）。
委托代理人×××，……（写明姓名等基本情况）。
被告×××，……（写明姓名或名称等基本情况）。
法定代表人（或代表人）×××，……（写明姓名和职务）。
委托代理人×××，……（写明姓名等基本情况）。
第三人×××，……（写明姓名或名称等基本情况）。
法定代表人（或代表人）×××，……（写明姓名和职务）。
法定代理人（或指定代理人）×××，……（写明姓名等基本情况）。
委托代理人×××，……（写明姓名等基本情况）。

原告×××因对被告×××（行政主体名称）不履行……（写明原告请求履行法定职责或给付义务内容）的法定职责不服，于××××年××月××日向本院提起行政诉讼。本院于××××年××月××日受理后，依法由审判员×××适用简易程序公开（或不公开）开庭进行了审理。……（写明到庭参加庭审活动的当事人、诉讼代理人、证人、鉴定人、勘验人和翻译人员等）到庭参加诉讼。本案现已审理终结。

第一，针对原告的履行法定职责请求或给付义务，被告作出拒绝答复的案件，可写为：

××××年××月××日，原告×××向被告×××（行政主体名称）提出申请……（写明申请的内容），被告于××××年××月××日对原告作出××号××决定（或其他名称），……（写明拒绝答复认定的事实、适用的法律规范和处理的内容）。

第二，针对原告的履行法定职责请求或给付义务，被告不予答复的案件，则可写为：

原告×××于××××年××月××日向被告×××提出申请……（写明申请的内容）。被告在原告起诉之前未作出处理决定。（当事人对原告是否提出过申请或者被告是否作出处理有争议的，也可不写。）

原告×××诉称，……（概述原告所主张的事实和理由以及具体的诉讼请求）。

被告×××辩称，……（概述被告答辩的主要内容）。

第三人×××述称，……（概述第三人的主要意见）。

经审理查明，……（根据案情复杂程度，如果在被诉行政行为的记载部分已经写明案件事实，且当事人无争议的，该部分可酌情略写）。

以上事实有当事人提交的……（列举当事人的主要证据）在案佐证。（对于当事人有争议且对案件事实认定有实际影响的证据，应当写明采纳或者不采纳的意见。）

本院认为，……（写明判决的理由）。依照……（写明判决依据的法律以及相关司法解释的条、款、项、目）的规定，判决如下：

……（写明判决结果，参照一审请求履行法定职责类或者给付义务判决书样式）。

……（写明诉讼费用的负担）。

如不服本判决，可以在判决书送达之日起十五日内向本院递交上诉状，并按对方当事人的人数提出副本，上诉于××××人民法院。

审判员×××

××××年××月××日

（院印）

本件与原本核对无异

书记员×××

附：本判决适用的相关法律依据

【说明】

一、本判决书适用于原告请求行政机关履行法定职责或给付类一审简易程序行政案件使用。

二、本判决书由首部、事实、理由、判决结果和尾部等五部分组成。

三、首部包括法院名称、文书种类、案号、诉讼参加人及其基本情况，以及案件由来、审判组织和审判方式等。

四、事实部分包括当事人的诉讼请求、事实和理由，法院认定的事实及证据。

五、理由部分包括判决的理由和判决所依据的法律。

六、判决结果是对案件实体问题的处理决定。判决结果要明确、具体、完整。

七、行政判决书经书记员核对无异后，应加盖“本件与原本核对无异”章。

八、附“本判决适用的法律依据”部分，根据案件的不同需要，应当将裁判文书中“本院认为”部分所适用的行政实体法律规范和裁判所直接依据的行政诉讼法和相关司法解释的相关条款的内容载入。

行政诉讼文书样式47：行政调解书

（一审简易程序行政案件用）

××××人民法院

行政调解书

（一审简易程序行政案件用）

（××××）×行×字第××号

原告×××，……（写明姓名或名称等基本情况）。

法定代表人（或代表人）×××，……（写明姓名和职务）。

法定代理人（或指定代理人）×××，……（写明姓名等基本情况）。

委托代理人×××，……（写明姓名等基本情况）。

被告×××，……（写明姓名或名称等基本情况）。

法定代表人（或代表人）×××，……（写明姓名和职务）。

委托代理人×××，……（写明姓名等基本情况）。

第三人×××，……（写明姓名或名称等基本情况）。

法定代表人（或代表人）×××，……（写明姓名和职务）。

法定代理人（或指定代理人）×××，……（写明姓名等基本情况）。

委托代理人×××，……（写明姓名等基本情况）。

（当事人和其他诉讼参加人的列项和基本情况的写法，与一审行政判决书相同。）

原告×××不服被告×××（行政主体名称）……（行政行为），于××××年××月××日向本院提起行政诉讼。本院于××××年××月××日受理后依法由审判员×××适用简易程序公开（或不公开）开庭进行了审理。……（写明行政行为的内容、当事人的诉讼请求及简要事实）。

本案在审理过程中，经本院主持调解，双方当事人自愿达成如下协议：

……（写明协议的内容）。

……（写明诉讼费用的负担）。

上述协议，不违反法律规定，本院予以确认。

本调解书经双方当事人签收后，即具有法律效力。

审判员 × × ×

× × × ×年 × ×月 × ×日

（院印）

本件与原本核对无异

书记员 × × ×

【说明】

一、本调解书适用于《中华人民共和国行政诉讼法》第六十条第一款但书规定的情形。

二、本样式供人民法院在当事人一方要求调解而达成调解协议时制作具有法律效力的行政调解书时使用。

三、“协议内容”，是指当事人自愿达成解决争讼的协议条款。“诉讼费用的负担”，如果是由双方当事人协商解决的，可以作为调解协议的最后一项内容予以写明；如果诉讼费用是由人民法院决定的，应当在协议内容之后另起一行写明。

四、行政调解书经书记员核对无异后，加盖“本件与原本核对无异”章。

行政诉讼文书样式48：决定书

（上级人民法院依下一级人民法院报请决定自己审理用）

××××人民法院

决定书

（上级人民法院依下一级人民法院报请决定自己审理用）

（××××）×行辖字第××号

×××（写明起诉人或者原告）诉×××（写明行政主体或者被告）……（写明案由）一案，××××人民法院已于××××年××月××日立案。现××××人民法院（写明报请的人民法院）报请本院审理。本院经审查认为，……（简要写明决定本院审理的理由）。依照《中华人民共和国行政诉讼法》第二十四条的规定，决定本案由本院审理。

××××年××月××日

（院印）

【说明】

一、本决定书适用于依照《中华人民共和国行政诉讼法》第二十四条的规定，中级人民法院决定自己审理的案件。

二、本决定书送达报请的人民法院。同时送达各方当事人。

行政诉讼文书样式49：决定书

（上级人民法院对下一级人民法院报请的案件决定仍由报请的人民法院审理用）

××××人民法院

决定书

（上级人民法院对下一级人民法院报请的案件
决定仍由报请的人民法院审理用）

（××××）×行辖字第××号

×××（写明起诉人或者原告）诉×××（写明行政主体或者被告）……（写明案由）一案，你院于××××年××月××日立案后，报请本院审理（或者指定管辖）。本院经审查认为，……（简要写明决定不宜由上一级法院审理或者指定管辖的理由）。依照《中华人民共和国行政诉讼法》第二十四条的规定，决定本案仍由你院审理。

××××年××月××日
（院印）

【说明】

一、本决定书适用于依照《中华人民共和国行政诉讼法》第二十四条的规定，决定由报请的人民法院审理的案件。

二、本决定书送达报请的人民法院。同时送达各方当事人。

行政诉讼文书样式50：决定书
（不予准许当事人申请法院调查收集证据用）

×××× 人民法院
决定书
（不予准许当事人申请法院调查收集证据用）

（××××）×行×字第××号

×××：

你因与×××……（对方当事人的姓名或者名称及案由）一案，于××××年××月××日向本院申请调查收集下列证据：……（当事人申请调查收集的证据名称）。

经审查，本院认为，……（人民法院不予准许当事人申请调查收集证据的理由）。你的申请不符合《中华人民共和国行政诉讼法》第四十一条的规定，本院决定不予准许。

如不服本决定，可以在收到本决定书之日起三日内向本院提出书面复议申请。

××××年××月××日

（院印）

【说明】

一、本决定书适用于《中华人民共和国行政诉讼法》第四十一条及《最高人民法院关于行政诉讼证据若干问题的规定》第二十五条规定的情形。

二、本决定书送达申请人。

行政诉讼文书样式51：复议决定书

（驳回当事人申请法院调查收集证据的复议申请用）

××××人民法院

复议决定书

（驳回当事人申请法院调查收集证据的复议申请用）

（××××）×行×字第××号

×××：

你不服本院（××××）×行×字第××号不予准许调查收集证据申请的决定，于××××年××月××日向本院申请复议。提出：……（当事人申请复议的请求和理由）。

经审查，本院认为，……（人民法院作出复议决定的理由）。依照《最高人民法院关于行政诉讼证据若干问题的规定》第二十五条的规定，决定如下：

驳回申请，维持原决定。

××××年××月××日

（院印）

【说明】

一、本决定书适用于《最高人民法院关于行政诉讼证据若干问题的规定》第二十五条规定的情形。

二、本决定书送达双方当事人。

行政诉讼文书样式52：复议决定书

（撤销不予准许当事人申请法院调查收集证据决定用）

××××人民法院

复议决定书

（撤销不予准许当事人申请法院调查收集证据决定用）

（××××）×行×字第××号

×××：

×××不服本院（××××）×行×字第××号不予准许调查收集证据申请的决定，于××××年××月××日向本院申请复议。×××提出：……（申请复议的请求和理由）。

经审查，本院认为，……（人民法院作出复议决定的理由）。依照《最高人民法院关于行政诉讼证据若干问题的规定》第二十五条的规定，决定如下：

一、撤销本院××××年××月××日（××××）×行×字第××号决定；

二、准许×××（申请人民法院调查收集证据的当事人的姓名或者名称）于××××年××月××日向本院提出的调查收集……（当事人向人民法院申请调查收集的证据的名称）的申请。

××××年××月××日

（院印）

行政诉讼文书样式53：复议决定书

（停止执行或驳回停止执行的申请复议决定用）

××××人民法院

复议决定书

（停止执行或驳回停止执行的申请复议决定用）

（××××）×行×字第××号

申请人×××，……（写明姓名或名称等基本情况）。

申请人×××因不服××××人民法院于××××年××月××日作出的（××××）×行×字第××号停止执行（或驳回停止执行）裁定，向本院申请复议。申请人×××认为……（简要写明申请的理由和复议请求）。

经审查，……（写明作出复议决定的理由）。依照《中华人民共和国行政诉讼法》第五十六条的规定，决定如下：

驳回申请人×××的复议申请。

［或“撤销××××人民法院（××××）×行×字第××号停止执行（或驳回停止执行）裁定。”］

［或分项写明：“一、撤销××××人民法院（××××）×行×字第××号停止执行（或驳回停止执行）裁定。”

“二、……（写明变更的决定内容。不需作出变更决定的，此项不写）。”］

本决定送达后立即生效。

××××年××月××日

（院印）

行政诉讼文书样式54：决定书
（不予准许一并审理民事争议用）

×××× 人民法院
决定书
（不予准许一并审理民事争议用）

（××××）×行×字第××号

×××（写明申请一并审理民事争议的当事人的姓名或名称）：

在……（写明当事人姓名或者名称、案由及案号）一案中，你于××××年××月××日向本院申请一并审理相关……（具体写明民事纠纷类型，例如继承纠纷、买卖纠纷）纠纷。

经审查，本院认为，……（写明不予准许一并审理民事争议的理由）。你的申请不符合《中华人民共和国行政诉讼法》第六十一条第一款的规定，本院决定不予准许。你可另行单独提起民事诉讼。

如不服本不予准许决定，可以口头或者书面向本院申请复议一次。

××××年××月××日
（院印）

【说明】

一、本决定书适用于《中华人民共和国行政诉讼法》第六十一条第一款和《最高人民法院关于适用〈中华人民共和国行政诉讼法〉若干问题的解释》第十七条第二款、第三款规定的情形。

二、本决定书送达申请一并审理民事争议的申请人。本决定书的内容，也可由审判人员以口头方式告知申请人，并记录在案。

行政诉讼文书样式55：复议决定书
（不予准许一并审理民事争议用）

××××人民法院
复议决定书
（不予准许一并审理民事争议用）

（××××）×行×字第××号

×××（写明对不予准许一并审理民事争议决定提出复议申请的当事人的姓名或名称）：

你不服本院（××××）×行×字第××号不予准许一并审理民事争议决定，向本院申请复议。

经审查，本院认为，……（写明作出复议决定的理由）。依照《中华人民共和国行政诉讼法》第六十一条第一款的规定，决定如下：

驳回申请，维持原决定。[或“撤销本院（××××）×××字第××号决定，准许一并审理民事争议。”]

本决定送达后立即生效。

××××年××月××日
（院印）

【说明】

一、本复议决定书适用于《中华人民共和国行政诉讼法》第六十一条第一款和《最高人民法院关于适用〈中华人民共和国行政诉讼法〉若干问题的解释》第十七条第二款、第三款的规定。

二、驳回申请的复议决定送达复议申请人；准许一并审理民事争议的复议决定送达当事人。

行政诉讼文书样式56：罚款决定书

（妨害行政诉讼用）

××××人民法院

罚款决定书

（妨害行政诉讼用）

（××××）×行×字第××号

被罚款人×××，……（写明姓名或名称等基本情况）。

本院在审理（或执行）……（写明当事人姓名或名称、案由和案号）一案中，查明……（写明被罚款人妨害行政诉讼的事实以及予以罚款的理由）。依照《中华人民共和国行政诉讼法》第××条第×款第×项的规定，决定如下：

对×××罚款×××元，限在××××年××月××日前交纳。（有指定账户的，也可明确具体开户银行和账户）

如不服本决定，可以在收到决定书之日起三日内，口头或者书面向××××人民法院申请复议一次。复议期间，不停止决定的执行。

××××年××月××日

（院印）

【说明】

一、本决定书适用于《中华人民共和国行政诉讼法》第五十九条和第九十六条规定的情形。

二、对于《中华人民共和国行政诉讼法》第九十六条第（二）项规定的行政机关拒绝履行判决、裁定、调解书的情况，需要“从期满之日起，对该行政机关负责人按日处五十元至一百元的罚款”的，可参照本样式制作罚款决定书。

三、对于《中华人民共和国行政诉讼法》第九十六条第（二）项规定的行政机关拒绝履行判决、裁定、调解书而对该行政机关负责人予以罚款的情况，关于被罚款人申请复议权利的规定，依照《中华人民共和国行政诉讼法》第一百零一条的规定，适用《中华人民共和国民事诉讼法》第一百一十一条第一款第（六）项和第二款以及《最高人民法院关于适用〈中华人民共和国民事诉讼法〉的解释》第一百八十五条的规定。

四、本决定书送达被处罚人。

行政诉讼文书样式57：拘留决定书

（妨害行政诉讼用）

×××× 人民法院

拘留决定书

（妨害行政诉讼用）

（××××）×行×字第××号

被拘留人×××，……（写明姓名等基本情况）。

本院在审理（或执行）……（写明当事人姓名或名称、案由和案号）一案中，查明……（写明被拘留人妨害行政诉讼的事实，以及予以拘留的理由）。依照《中华人民共和国行政诉讼法》第×××条第×款第×项的规定，决定如下：

对×××拘留×日。

如不服本决定，可以在收到决定书之日起三日内，口头或者书面向××××人民法院申请复议一次。复议期间，不停止决定的执行。

××××年××月××日

（院印）

【说明】

一、本决定书适用于《中华人民共和国行政诉讼法》第五十九条和第九十六条规定的情形。

二、对于《中华人民共和国行政诉讼法》第九十六条第一款第五项规定的行政机关拒绝履行判决、裁定、调解书而对该行政机关直接负责的主管人员和其他直接责任人员予以拘留的情况，关于被拘留人申请复议权利的规定，依照《中华人民共和国行政诉讼法》第一百零一条的规定，适用《中华人民共和国民事诉讼法》第一百一十一条第一款第（六）项和第二款以及《最高人民法院关于适用〈中华人民共和国民事诉讼法〉的解释》第一百八十五条的规定。

三、对妨害行政诉讼的行为合并适用拘留、罚款的，可参照本样式制作“拘留、罚款决定书”。

四、人民法院采取拘留措施时须经院长批准，作出书面拘留决定。因哄闹、冲击法庭，用暴力、威胁等方法抗拒执行公务等紧急情况，必须立即采取拘留措施的，可在拘留后，立即报告院长补办批准手续。院长认为拘留不当的，应当解除拘留。

五、本决定书送达被拘留人。

行政诉讼文书样式58：决定书

（提前解除拘留用）

××××人民法院

决定书

（提前解除拘留用）

（××××）×行×字第××号

被拘留人×××，……（写明姓名等基本情况）。

被拘留人×××因（写明具体原因），本院于××××年××月××日，以（××××）×行×字第×××号决定拘留××日，并已交由公安机关执行。在执行拘留（或复议）期间，被拘留人×××……（写明提前解除拘留的法定事由）。依照《中华人民共和国行政诉讼法》第一百零一条、《中华人民共和国民事诉讼法》第一百一十五条第三款的规定，本院决定：

自本决定书送达之时即解除对×××的拘留。

××××年××月××日

（院印）

【说明】

本决定书适用于《中华人民共和国民事诉讼法》第一百一十五条第三款规定的情形。

行政诉讼文书样式59：复议决定书
（拘留、罚款决定复议用）

××××人民法院
复议决定书
（拘留、罚款决定复议用）

（××××）×行×字第×××号

申请复议人×××，……（写明姓名等基本情况）。

申请复议人×××因不服××××人民法院于××××年××月××日作出的（××××）××行×字第×××号拘留（或罚款）决定，向本院申请复议。申请复议人×××认为……（简要写明申请的理由和复议请求）。

经审查，……（写明作出复议决定的理由）。依照《中华人民共和国行政诉讼法》第一百零一条、《中华人民共和国民事诉讼法》第一百一十六条和《最高人民法院关于适用〈中华人民共和国民事诉讼法〉的解释》第一百八十五条（或第一百八十六条）的规定，决定如下：

驳回申请人×××的复议申请。

[或“撤销××××人民法院（××××）××行×字第×××号拘留（或罚款）决定。”]

[或分项写明：“一、撤销××××人民法院（××××）××行×字第×××号拘留（或罚款）决定。”

“二、……（写明变更的决定内容。不需作出变更决定的，此项不写。）”]

本决定送达后立即生效。

××××年××月××日
（院印）

【说明】

本决定书适用于《中华人民共和国行政诉讼法》第一百零一条、《中华人民共和国民事诉讼法》第一百一十六条和《最高人民法院关于适用〈中华人民共和国民事诉讼法〉的解释》第一百八十五条（或第一百八十六条）规定的情形。

行政诉讼文书样式60：应诉通知书

（通知被告和被上诉人用）

××××人民法院

应诉通知书

（通知被告和被上诉人用）

（××××）×行×字第××号

×××：

本院已立案受理×××（写明原告或者上诉人的姓名或名称）诉你……（写明案由）一案，现发送×诉状副本一份，并将有关事项通知如下：

一、当事人在诉讼过程中，必须依法行使法律规定的诉讼权利，同时必须遵守诉讼秩序，履行诉讼义务。

二、你应当在收到×诉状之日起十五日内向本院提交答辩状一式×份。

三、法人或者其他组织参加诉讼的，应当提交法人或者其他组织资格证明以及法定代表人身份证明书或者负责人身份证明书。自然人参加诉讼的，应当提交身份证明。

四、需要委托代理人代为诉讼的，应当提交由委托人签名或者盖章的授权委托书，授权委托书应当按照法律的规定载明委托事项和权限。

××××年××月××日

（院印）

【说明】

本通知书送达被告或者被上诉人。

行政诉讼文书样式61：参加诉讼通知书

×××× 人民法院

参加诉讼通知书

（××××）×行×字第××号

×××：

本院受理×××（写明起诉人）诉×××（写明被告）……（写明案由）一案后，发现你与被诉行政行为（或与本案的处理结果）有利害关系，依据《中华人民共和国行政诉讼法》第二十九条的规定，通知你作为本案第三人参加诉讼，现将有关参加诉讼事项通知如下：

一、当事人在诉讼过程中，有权行使法律规定的诉讼权利，同时必须遵守诉讼秩序，履行诉讼义务。

二、自然人参加诉讼的，应当在接到本通知书之日起十五日内提交身份证明。法人或者其他组织参加诉讼的，应在接到本通知书之日起十五日内，提交法人或者其他组织资格证明以及法定代表人身份证明书或者负责人身份证明书。

三、如需委托代理人代为诉讼，应向本院递交由委托人签名或盖章的授权委托书。授权委托书应当载明委托事项和委托权限。

××××年××月××日

（院印）

【说明】

本通知书送达第三人。如有其他事项需要通知的，可另起一行增项续写。

行政诉讼文书样式62：行政机关负责人出庭通知书

××××人民法院
行政机关负责人出庭通知书

（××××）×行×字第××号

×××（写明被诉行政机关）：

本院已经依法受理原告（或上诉人）×××与被告（或被上诉人）×××……（写明案由）一案，定于××××年××月××日××时在本院第×法庭（如具体时间和法庭未定，也可不写）开庭审理本案。根据《中华人民共和国行政诉讼法》第三条第三款（如有其他规定，可写：和……规定）的规定，现通知你单位委派一名负责人出庭应诉。

特此通知。

××××年××月××日
（院印）

【说明】

本通知书样式供各级人民法院通知行政机关负责人出庭应诉。

行政诉讼文书样式63：合议庭组成人员及书记员通知书

××××人民法院
合议庭组成人员及书记员通知书

（××××）×行×字第××号

×××：

本院受理原告（或上诉人）×××与被告（或被上诉人）×××……（写明当事人的姓名或名称和案由）一案，根据《中华人民共和国行政诉讼法》第六十八条的规定，决定由×××担任审判长，与审判员×××、×××（同时明确主审人员）组成合议庭进行审理，×××担任书记员。

根据《中华人民共和国行政诉讼法》第五十五条和《最高人民法院关于执行〈中华人民共和国行政诉讼法〉若干问题的解释》第四十七条的规定，当事人认为审判人员与本案有利害关系或者有其他关系可能影响公正审判的，有权申请回避，但应当说明理由；当事人申请回避，可以在开庭前提出；申请回避事由在案件开始审理后知道的，应当在法庭辩论终结前提出。

以上事项，特此通知。

××××年××月××日
（院印）

【说明】

本通知书样式供各级人民法院在立案、确定合议庭组成人员之后，通知当事人时使用。

行政诉讼文书样式64：变更合议庭组成人员及书记员通知书

××××人民法院

变更合议庭组成人员及书记员通知书

（××××）×行×字第××号

×××：

本院受理的原告（或上诉人）×××与被告（或被上诉人）×××……（写明当事人姓名或名称和案由）一案，因……（写明变更理由），需变更本案合议庭组成人员，决定由×××担任审判长，与审判员×××、×××组成合议庭（同时明确主审人员）进行审理，×××担任书记员。

根据《中华人民共和国行政诉讼法》第五十五条和《最高人民法院关于执行〈中华人民共和国行政诉讼法〉若干问题的解释》第四十七条的规定，当事人认为审判人员与本案有利害关系或者有其他关系可能影响公正审判的，有权申请回避，但应当说明理由；可以在开庭前提出；申请回避事由在案件开始审理后知道的，应当在法庭辩论终结前提出。

以上事项，特此通知。

××××年××月××日
（院印）

【说明】

本通知书样式供各级人民法院在变更审判人员和重新组成合议庭之后通知当事人时使用。

行政诉讼文书样式65：举证通知书

（被告举证用）

××××人民法院

举证通知书

（被告举证用）

（××××）×行×字第××号

×××：

根据《中华人民共和国行政诉讼法》、《最高人民法院关于行政诉讼证据若干问题的规定》（以下简称《证据规定》）的有关规定，现将有关举证事项通知如下：

一、你应当在收到起诉状副本之日起十五日内，提供据以作出被诉行政行为的全部证据和所依据的规范性文件。不提供或者无正当理由逾期提供证据，将视为被诉行政行为没有相应证据。

因不可抗力或者客观上不能控制的其他正当事由，不能在前述规定的期限内提供证据的，应当在收到起诉状副本之日起十五日内向人民法院提出延期提供证据的书面申请。人民法院准许延期提供的，应当在正当事由消除后十日内提供证据。逾期提供的，将视为被诉行政行为没有相应证据。

二、你认为原告起诉超过法定期限，应当承担举证责任。原告或者第三人提出其在行政程序中没有提出的反驳理由或者证据的，经人民法院准许，你可以在第一审程序中补充相应的证据。

三、在诉讼过程中，你与你的诉讼代理人不得自行向原告、第三人和证人收集证据。

四、你可按照《证据规定》的要求，提供书证、物证、视听资料、电子数据、证人证言、鉴定意见、现场笔录、在中华人民共和国领域外形成的证据以及外文书证或者视听资料等证据材料。证据涉及国家秘密、商业秘密或者个人隐私的，应当作出明确标注，并向法庭说明，由法庭予以审查确认。

向人民法院提供证据，应当对提交的证据材料分类编号，对证据材料的名称、证明对象和内容作简要说明，签名或者盖章，注明提交日期，并依照对方当事人人数提出证据清单。

五、你申请人民法院调取证据的，应当在举证期限内提交调取证据申请书。调取证据申请书应写明证据持有人的姓名或名称、住址等基本情况，写明拟调取证据的内容以及申请调取证据的原因及其要证明的案件事实。

在证据可能灭失或者以后难以取得的情况下，可以向人民法院申请保全证据。申请保全证据，应当在举证期限届满前以书面形式提出，并说明证据的名称和地点、保全的内容和范围、申请保全的理由等事项。

申请保全证据，应向法院提供相应的担保。

六、你认为人民法院委托的鉴定部门作出的鉴定意见存在《证据规定》第三十条规定的情形，可以申请重新鉴定。

如果你对需要鉴定的事项负有举证责任，在举证期限内无正当理由不提出鉴定申请、不预交鉴定费用或者拒不提供相关材料，致使对案件争议的事实无法通过鉴定结论予以认定的，你将对该事实承担举证不能的法律后果。

七、申请证人出庭作证的，应当在举证期限届满前提出。经申请，人民法院可以就证人能否正确表达意志进行审查或者交由有关部门鉴定。

你提供的证人、鉴定人因出庭作证或者接受询问而支出的合理费用，由你先行支付，由败诉一方当事人承担。

八、对当事人无争议，但涉及国家利益、公共利益或者他人合法权益的事实，人民法院有权要求你提供或者补充有关证据。

九、在人民法院组织交换证据程序中，你应向对方出示或者交换证据。

十、你如果有伪造、隐藏、毁灭证据或者提供虚假证明材料，妨碍人民法院审理案件的，指使、贿买、胁迫他人作伪证或者威胁、阻止证人作证的行为之一的，人民法院可以根据情节轻重，予以训诫、责令具结悔过或者处一万元以下的罚款、十五日以下的拘留，也可以对你主要负责人或者直接责任人员予以罚款、拘留；构成犯罪的，依法追究刑事责任。如果对处罚决定不服，可以向作出决定的人民法院申请复议。

××××年××月××日

（院印）

【说明】

本通知书适用于一审诉讼程序。

行政诉讼文书样式66：举证通知书

（原告、第三人举证用）

×××××人民法院

举证通知书

（原告、第三人举证用）

（××××）×行×字第××号

×××：

根据《中华人民共和国行政诉讼法》、《最高人民法院关于行政诉讼证据若干问题的规定》（下称《证据规定》）的有关规定，现将有关举证事项通知如下：

一、人民法院组织庭前交换证据的，你应在指定的证据交换之日提供证据；未组织庭前交换证据的，应当在开庭审理前提供证据。如果在前述期限内不提交证据材料，视为放弃举证权利。

因正当事由申请延期提供证据的，你应在举证期限内向人民法院申请延期举证，经人民法院准许，可以适当延长举证期限。

你逾期提交的证据材料，应当说明理由，不说明理由或理由不成立的，人民法院将不组织质证。但被告同意质证的除外。

在第一审程序中无正当理由未提供而在第二审程序中提供的证据，人民法院将不予接纳。

二、你应当提供符合起诉条件的相应证据材料。在起诉被告不作为的案件中，还应当提供在行政程序中曾经提出申请的证据材料。但下列情形除外：（一）你申请的事项是被告应当依职权主动履行的法定职责；（二）你因正当事由不能提供相关证据材料。在行政赔偿、补偿诉讼中，你应当对被诉行政行为造成损害的事实提供证据。

你也可以提供证明被诉行政行为违法的证据。提供的证据不成立的，并不免除被告对被诉行政行为合法性承担的举证责任。

对当事人无争议，但涉及国家利益、公共利益或者他人合法权益的事实，人民法院有权要求当事人提供或者补充有关证据。

三、你可按照《证据规定》的要求提供书证、物证、视听资料、电子数据、证人证言、在中华人民共和国领域外形成的证据以及外文书证或者外国语视听资料等证据材料。对涉及国家秘密、商业秘密或者个人隐私的证据，应当作出明确标注，并向法庭说明，由法庭予以审查确认。

向人民法院提供证据，应当对提交的证据材料分类编号，对证据材料的名称、证明对象和内容作简要说明，签名或者盖章，注明提交日期，并依照对方当事人人数提出证据清单。

四、因客观原因不能自行收集，但能够提供确切线索的证据材料，可以申请人民法院调取。

申请人民法院调取证据，应当在举证期限内提交书面申请。调取证据申请书应写明证据持有人的姓名或名称、住址等基本情况，拟调取证据的内容以及申请调取证据的原因及其要证明的案件事实。

五、在证据可能灭失或者以后难以取得的情况下，可以向人民法院申请保全证据。申请保全证据，应当在举证期限届满前以书面形式提出，并说明证据的名称和地点、保全的内容和范围、申请保全的理由等事项。

申请保全证据，应向法院提供相应的担保。

六、有证据或者有正当理由表明被告据以认定案件事实的鉴定意见可能有错误的，可以在举证期限内以书面形式申请重新鉴定。

你认为人民法院委托的鉴定部门作出的鉴定意见存在《证据规定》第三十条规定的情形，可以申请重新鉴定。

如果你对需要鉴定的事项负有举证责任，在举证期限内无正当理由不提出鉴定申请、不预交鉴定费用或者拒不提供相关材料，致使对案件争议的事实无法通过鉴定结论予以认定的，你将对该事实承担举证不能的法律后果。

七、在人民法院组织交换证据程序中，你应向对方出示或者交换证据。

八、你提供的证人、鉴定人因出庭作证或者接受询问而支出的合理费用，由你先行支付，由败诉一方当事人承担。

九、你如果有伪造、隐藏、毁灭证据或者提供虚假证明材料，妨碍人民法院审理案件的，指使、贿买、胁迫他人作伪证或者威胁、阻止证人作证的行为之一的，人民法院可以根据情节轻重，予以训诫、责令具结悔过或者处一万元以下的罚款、十五日以下的拘留；单位有前述行为之一的，人民法院可以对其主要负责人或者直接责任人员予以罚款、拘留；构成犯罪的，依法追究刑事责任。如果对处罚决定不服，可以向作出决定的人民法院申请复议。

××××年××月××日

（院印）

【说明】

本通知书适用于一审诉讼程序。

行政诉讼文书样式67：通知书

（准许延长举证期限用）

××××人民法院

通知书

（准许延长举证期限用）

（××××）×行×字第××号

×××：

你因与×××（写明对方当事人的姓名或者名称）……（写明案由）一案，于××××年××月××日以……（写明申请延长举证期限的理由），在举证期限内提交证据确有困难为由，向本院申请延期举证。

经审查，你的申请符合《中华人民共和国行政诉讼法》第三十六条第一款、《最高人民法院关于行政诉讼证据若干问题的规定》第一条第二款（或第七条）的规定，本院予以准许。延长本案举证期限至××××年××月××日。

××××年××月××日

（院印）

【说明】

一、本通知书适用于《中华人民共和国行政诉讼法》第三十六条第一款，《最高人民法院关于行政诉讼证据若干问题的规定》第一条第二款、第七条第一款的情形。

二、本通知书送达双方当事人及第三人。

三、本通知书的内容，也可由审判人员以口头方式告知申请人，并记录在案。

行政诉讼文书样式68：通知书

（不予准许延长举证期限用）

××××人民法院

通知书

（不予准许延长举证期限用）

（××××）×行×字第××号

×××：

你因与×××……（写明对方当事人的姓名或者名称及案由）一案，于××××年××月××日以……（申请延长举证期限的理由），在举证期限内提交证据确有困难为由，向本院申请延期举证。

经审查，你申请延长举证期限的理由不成立，根据《中华人民共和国行政诉讼法》第三十六条第一款、《最高人民法院关于行政诉讼证据若干问题的规定》第一条第二款（或第七条）的规定，本院不予准许。

××××年××月××日

（院印）

【说明】

一、本通知书适用于《中华人民共和国行政诉讼法》第三十六条第一款，《最高人民法院关于行政诉讼证据若干问题的规定》第一条第二款、第七条第一款的情形。

二、本通知书送达申请人。本通知书的内容，人民法院可以口头方式告知申请人，并记入笔录，由当事人或代理人签名。

三、本通知书的内容，也可由审判人员以口头方式告知申请人，并记录在案。

行政诉讼文书样式69：通知书

（因公告送达变更举证期限用）

××××人民法院
通知书
（因公告送达变更举证期限用）

（××××）×行×字第××号

×××：

你与×××……（对方当事人的姓名或者名称及案由）一案，因……（根据案件涉及的“受送达人下落不明或者以其他方式无法送达”的具体情况填写），本院现以公告方式向其送达有关诉讼文书。本案举证期限届满之日变更至××××年××月××日。逾期提供证据的，视为放弃举证权利。

××××年××月××日

（院印）

【说明】

一、本通知书送达公告送达的受送达人之外的当事人。

二、本通知书的内容，也可由审判人员以口头方式告知申请人，并记录在案。

行政诉讼文书样式70：通知书

（准许当事人申请法院调查收集证据用）

××××人民法院

通知书

（准许当事人申请法院调查收集证据用）

（××××）×行×字第××号

×××：

你因与×××……（对方当事人的姓名或者名称及案由）一案，于××××年××月××日向本院申请调查收集下列证据：……（当事人申请调查收集的证据的名称）。

经审查，你的申请符合《中华人民共和国行政诉讼法》第四十一条的规定，本院予以准许。

××××年××月××日

（院印）

【说明】

一、本通知书适用于《中华人民共和国行政诉讼法》第四十一条规定的情形。

二、本通知书送达申请人。

三、本通知书的内容，也可由审判人员以口头方式告知申请人，并记录在案。

行政诉讼文书样式71：通知书

（调取证据用）

××××人民法院
通知书
（调取证据用）

（××××）×行×字第××号

×××：

关于……（写明当事人的姓名或者名称及案由）一案，根据《中华人民共和国行政诉讼法》第四十条、第四十一条的规定，我院决定就……事项，向你调取下列证据：……（写明需要调取的证据的名称）。

××××年××月××日

（院印）

【说明】

一、本通知书适用于《中华人民共和国行政诉讼法》第四十条、第四十一条规定的情形。

二、本通知书送达被调取证据的行政机关、其他组织或者公民。

三、本通知书可以附录当事人配合调取证据的义务和不配合调取证据可能承担的法律责任。

四、实施调查令制度的人民法院，也可参考本样式制定相应的调查令样式，当事人可以依法向人民法院申请出具调查令，并持调查令依法向第三人调取证据。

行政诉讼文书样式72：通知书

（证据保全担保用）

×××××人民法院

通知书

（证据保全担保用）

（××××）×行×字第××号

×××：

你因与×××……（写明对方当事人的姓名或者名称及案由）一案，于××××年××月××日向本院提出关于……（当事人申请保全的证据名称）证据保全的申请。根据《最高人民法院关于行政诉讼证据若干问题的规定》第二十七条第二款的规定，你应当在收到本通知之日起××日内提供……（具体的担保方式）作为担保。逾期不提供担保的，视为放弃申请。

××××年××月××日

（院印）

【说明】

一、本通知书适用于《最高人民法院关于行政诉讼证据若干问题的规定》第二十七条第二款规定的情形。

二、本通知书送达申请人。

行政诉讼文书样式73：通知书

（驳回证据保全申请用）

××××人民法院
通知书

（驳回证据保全申请用）

（××××）×行×字第××号

×××：

你因与×××……（写明对方当事人姓名或名称及案由）一案，于××××年××月××日向本院提出证据保全申请，请求……（写明当事人申请对何证据采取何种保全方法，当事人提供担保的情况）。

本院经审查认为，……（写明作出决定的理由）。依照《中华人民共和国行政诉讼法》第四十二条、《最高人民法院关于行政诉讼证据若干问题的规定》第二十七条（亦可援引其他法律或司法解释规定）的规定，驳回你的证据保全申请。

××××年××月××日

（院印）

【说明】

一、本通知书适用于《中华人民共和国行政诉讼法》第四十二条、《最高人民法院关于行政诉讼证据若干问题的规定》第二十七条规定的情形。

二、本通知书送达申请人。本通知书的内容，也可由审判人员以口头方式告知申请人，并记录在案。

行政诉讼文书样式74：通知书

（人民法院通知当事人交换证据、召开庭前会议用）

××××人民法院

通知书

（人民法院通知当事人交换证据、召开庭前会议用）

（××××）×行×字第××号

×××：

你与×××……（对方当事人的姓名或者名称及案由）一案，由于……（写明案件证据较多或案情较为复杂等具体原因），本院根据《最高人民法院关于行政诉讼证据若干问题的规定》第二十一条的规定（如系根据当事人申请，则写明具体申请人和申请理由），本院决定组织双方于××××年××月××日××时××分交换证据并召开庭前会议。你应准时到××（证据交换的地点）参加。

××××年××月××日

（院印）

【说明】

一、本通知书适用于《最高人民法院关于行政诉讼证据若干问题的规定》第二十一条规定的情形以及其他需要证据交换，适宜召开庭前会议情形。

二、本通知书送达双方当事人。

三、组织当事人庭前交换证据和召开庭前会议，可以依据《中华人民共和国民事诉讼法》相关规定进行。

四、庭前会议的内容和形式，可以依据法释〔2015〕5号《最高人民法院关于适用〈中华人民共和国民事诉讼法〉的解释》第二百二十五条等规定进行。根据该条规定，根据案件具体情况，庭前会议可以包括下列内容：（一）明确原告的诉讼请求和被告的答辩意见；（二）审查处理当事人增加、变更诉讼请求的申请和提出的反诉，以及第三人提出的与本案有关的诉讼请求；（三）根据当事人的申请决定调查收集证据，委托鉴定，要求当事人提供证据，进行勘验，进行证据保全；（四）组织交换证据；（五）归纳争议焦点；（六）进行调解。

行政诉讼文书样式75：通知书

（准许/不予准许对被告提供的鉴定结论重新鉴定申请用）

××××人民法院

通知书

（准许/不予准许对被告提供的鉴定结论重新鉴定申请用）

（××××）×行×字第××号

×××：

×××（写明申请重新鉴定的当事人的姓名或者名称）因与×××……（写明对方当事人的姓名或者名称及案由）一案，对×××……（写明被告名称）据以认定案件事实的鉴定结论有异议，认为……（写明当事人申请重新鉴定的理由），并于××××年××月××日向本院申请重新鉴定。

经审查，×××（写明申请人的姓名或者名称）的申请符合（或不符合）《最高人民法院关于行政诉讼证据若干问题的规定》第二十九条的规定，本院予以（或不予）准许。

××××年××月××日

（院印）

【说明】

一、本通知书适用《最高人民法院关于行政诉讼证据若干问题的规定》第二十九条规定的情形。

二、准许重新鉴定通知书送达各方当事人。本通知书的内容，也可由审判人员以口头方式告知申请人，并记录在案。

三、不准许重新鉴定通知书送达申请人。本通知书的内容，也可由审判人员以口头方式告知申请人，并记录在案。

行政诉讼文书样式76：通知书

（准许/不予准许对法院委托的鉴定部门的鉴定重新鉴定申请用）

××××人民法院

通知书

（准许/不予准许对法院委托的鉴定部门的鉴定重新鉴定申请用）

（××××）×行×字第××号

×××：

你因与×××……（写明对方当事人的姓名或者名称及案由）一案，对××（写明原委托鉴定的人民法院名称）委托××（写明原鉴定机构的名称或者鉴定人员的姓名）所作的鉴定结论有异议，认为……（写明当事人申请重新鉴定的理由），并于××××年××月××日向本院申请重新鉴定。

经审查，……（准许或不予准许当事人重新鉴定申请的理由），你的申请符合（或不符合）《最高人民法院关于行政诉讼证据若干问题的规定》第三十条的规定，本院予以（或不予）准许。

××××年××月××日

（院印）

【说明】

一、本通知书适用于《最高人民法院关于行政诉讼证据若干问题的规定》第三十条规定的情形。

二、准许重新鉴定通知书送达各方当事人。本通知书的内容，也可由审判人员以口头方式告知申请人，并记录在案。

三、不准许重新鉴定通知书送达申请人。本通知书的内容，也可由审判人员以口头方式告知申请人，并记录在案。

行政诉讼文书样式77：通知书
（准许/不予准许对法院勘验结论重新勘验申请用）

××××人民法院
通知书
（准许/不予准许对法院勘验结论重新勘验申请用）

（××××）×行×字第××号

×××：

你因与×××……（对方当事人的姓名或者名称及案由）一案，对×××（勘验法院的名称）据以认定案件事实的勘验结论有异议，认为……（当事人申请重新勘验的理由），并于××××年××月××日向本院申请重新勘验。

经审查，你的申请符合（或不符合）《最高人民法院关于行政诉讼证据若干问题的规定》第三十四条的规定，本院予以（或不予）准许。

××××年××月××日
（院印）

【说明】

一、本通知书适用于《最高人民法院关于行政诉讼证据若干问题的规定》第三十四条的规定。

二、准许重新勘验通知书送达各方当事人。本通知书的内容，也可由审判人员以口头方式告知申请人，并记录在案。

三、不准许重新勘验通知书送达申请人。本通知书的内容，也可由审判人员以口头方式告知申请人，并记录在案。

行政诉讼文书样式78：通知书

（准许证人出庭作证用）

××××人民法院

通知书

（准许证人出庭作证用）

（××××）×行×字第××号

×××：

你因与×××……（对方当事人的姓名或者名称及案由）一案，于××××年××月××日向本院申请证人×××（证人的姓名或者名称）出庭就……（证人作证的事项）事项陈述证言。

经审查，你的申请符合《最高人民法院关于行政诉讼证据若干问题的规定》第四十三条（或者第四十四条）的规定，本院予以准许。

××××年××月××日

（院印）

【说明】

一、本通知书适用于《最高人民法院关于行政诉讼证据若干问题的规定》第四十三条、第四十四条的情形。

二、本通知书送达申请人。有关证人出庭作证的申请，应当记入证据目录或证据收据。本通知书的内容，也可由审判人员以口头方式告知申请人，并记录在案。

行政诉讼文书样式79：通知书

（不予准许证人出庭作证用）

××××人民法院

通知书

（不予准许证人出庭作证用）

（××××）×行×字第××号

×××：

你因与×××……（对方当事人的姓名或者名称及案由）一案，于××××年××月××日向本院申请证人×××（证人的姓名或者名称）出庭就……（证人作证的事项）事项陈述证言。经审查，……（不予准许当事人申请的理由），本院不予准许。

××××年××月××日

（院印）

【说明】

一、本通知书适用于《最高人民法院关于行政诉讼证据若干问题的规定》第四十三条、第四十四条的情形。

二、本通知书送达申请人。本通知书的内容，也可由审判人员以口头方式告知申请人，并记录在案。

行政诉讼文书样式80：通知书

（法院依当事人申请通知证人出庭作证用）

××××人民法院
通知书

（法院依当事人申请通知证人出庭作证用）

（××××）×行×字第××号

×××：

×××与×××……（当事人的姓名或者名称及案由）一案，×××（申请证人出庭作证的当事人的姓名或者名称）向本院申请你（单位作为证人的，可填写“你单位”）出庭作证，并已经本院准许。你（单位作为证人的，可填写“你单位”）应于××××年××月××日××时××分携带有效身份证明到××（证人作证的地点）出席法庭审理（证人出席证据交换陈述证言的，可表述为“证据交换”），陈述证言。根据《中华人民共和国行政诉讼法》和《最高人民法院关于行政诉讼证据若干问题的规定》的规定，现将有关事项通知如下：

一、凡是知道案件情况的单位和个人，都有义务出庭作证。

二、证人应当客观陈述亲身感知的事实，不得使用猜测、推断或者评论性的语言。证人不得宣读事先准备的书面证言。

三、证人应当诚实作证，并如实回答审判人员和当事人的询问，作伪证的，应承担相应的法律责任。

四、证人不得旁听法庭审理，不得与当事人和其他证人交换意见。

五、证人的合法权利受法律保护。

××××年××月××日

（院印）

【说明】

一、本通知书适用于法院依当事人申请通知证人出庭作证情形。

二、本通知书送达证人。

行政诉讼文书样式81：通知书
（法院依职权通知证人出庭作证用）

×××× 人民法院
通知书
（法院依职权通知证人出庭作证用）

（××××）×行×字第××号

×××：

×××与×××……（当事人的姓名或者名称及案由）一案，本院现通知你（单位作为证人的，可填写“你单位”）作为证人，就……（证人作证的事项）事项出庭陈述证言。你（单位作为证人的，可填写“你单位”）应于××××年××月××日××时××分携带有效身份证明到××（证人作证的地点）出席法庭审理（证人出席证据交换陈述证言的，可表述为“证据交换”），陈述证言。根据《中华人民共和国行政诉讼法》和《最高人民法院关于行政诉讼证据若干问题的规定》的规定，现将有关事项通知如下：

一、凡是知道案件情况的单位和个人，都有义务出庭作证。

二、证人应当客观陈述亲身感知的事实，不得使用猜测、推断或者评论性的语言。证人不得宣读事先准备的书面证言。

三、证人应当诚实作证，并如实回答审判人员和当事人的询问，作伪证的，应承担相应的法律责任。

四、证人不得旁听法庭审理，不得与当事人和其他证人交换意见。

五、证人的合法权利受法律保护。

××××年××月××日
（院印）

【说明】

一、本通知书适用于法院依职权通知证人出庭作证情形。

二、本通知书送达证人。

行政诉讼文书样式82：通知书

（准许具有专门知识人员出庭协助质证用）

××××人民法院

通知书

（准许具有专门知识人员出庭协助质证用）

（××××）×行×字第××号

×××：

你与×××……（对方当事人的姓名或者名称及案由）一案，×××（申请具有专门知识的人员出庭的当事人的姓名或者名称）于××××年××月××日向本院申请×××（当事人申请的具有专门知识的人员的姓名）作为具有专门知识的人员出庭，就……（具有专门知识的人员协助质证的事项）事项协助质证。经审查，×××（申请具有专门知识的人员出庭的当事人的姓名）的申请符合《最高人民法院关于行政诉讼证据若干问题的规定》第四十八条的规定，本院予以准许。

××××年××月××日

（院印）

【说明】

一、本通知书适用于《最高人民法院关于行政诉讼证据若干问题的规定》第四十八条规定的情形。

二、本通知书送达双方当事人。本通知书的内容，也可由审判人员以口头方式告知申请人，并记录在案。

行政诉讼文书样式83：通知书
（不予准许具有专门知识人员出庭协助质证用）

××××人民法院
通知书
（不予准许具有专门知识人员出庭协助质证用）

（××××）×行×字第××号

×××：

你因与×××……（对方当事人的姓名或者名称及案由）一案，于××××年××月××日向本院申请×××（当事人申请的具有专门知识的人员的姓名）作为具有专门知识的人员出庭，就……（具有专门知识的人员协助质证的事项）事项协助质证。经审查，你的申请不符合《最高人民法院关于行政诉讼证据若干问题的规定》的相关规定，本院不予准许。

××××年××月××日
（院印）

【说明】

一、本通知书适用于《最高人民法院关于行政诉讼证据若干问题的规定》第四十八条规定的情形。

二、本通知书送达申请人。本通知书的内容，也可由审判人员以口头方式告知申请人，并记录在案。

行政诉讼文书样式84：通知书
（具有专门知识人员出庭协助质证用）

×××××人民法院
通知书
（具有专门知识人员出庭协助质证用）

（××××）×行×字第××号

×××：

×××与×××……（当事人的姓名或者名称及案由）一案，×××（申请具有专门知识的人员出庭的当事人的姓名或者名称）向本院申请你作为具有专门知识的人员出庭，就本案涉及的……（具有专门知识的人员协助质证的具体的专门性问题）问题协助其质证。本院经审查已准许×××（申请具有专门知识的人员出庭的当事人的姓名或者名称）的申请。现将有关事项通知如下：

一、你应当于××××年××月××日××时××分携带有效身份证明到××（法庭审理的地点）出席法庭审理。

二、你应当遵守法庭秩序，服从审判人员指挥，不得参与本案与……（具有专门知识的人员协助质证的具体的专门性问题）问题无关的诉讼活动。

三、审判人员和当事人可以对你进行询问。经人民法院准许，你可以与对方当事人申请的具有专门知识的人员就……（具有专门知识的人员协助质证的具体的专门性问题）问题进行对质。

四、你在法庭上可以就……（具有专门知识的人员协助质证的具体的专门性问题）问题对鉴定人进行询问。

××××年××月××日
（院印）

【说明】

一、本通知书适用于《最高人民法院关于行政诉讼证据若干问题的规定》第四十八条规定的情形。

二、本通知书送达出庭协助质证的具有专门知识的人员。

行政诉讼文书样式85：通知书

（对新的证据提出意见或者举证用）

××××人民法院

通知书

（对新的证据提出意见或者举证用）

（××××）×行×字第××号

×××：

你与×××……（对方当事人的姓名或者名称及案由）一案，×××（主张新的证据的当事人的姓名或者名称）依照《最高人民法院关于行政诉讼证据若干问题的规定》的有关规定向本院提交了新的证据：……（新的证据的名称）。你应当在××××年××月××日前针对该项新的证据提出意见或者举证。逾期提交证据的，视为放弃举证权利。

××××年××月××日

（院印）

【说明】

一、本通知书适用于《最高人民法院关于行政诉讼证据若干问题的规定》第五十条、第五十一条、第五十二条规定的情形。

二、本通知书送达提出新的证据当事人的对方当事人。

行政诉讼文书样式86：证据收据

××××人民法院
证据收据

（××××）×行×字第××号

今收到×××（提交证据的当事人的姓名或者名称）提交的证据（单一证据可填写证据名称。如证据较多，可表述为“参见附录”）一式××份。

签收人：×××
××××年××月××日

附录：
序号
证据名称
份数
页数
原件/复制件
证明目的
备注

【说明】

一、本收据应当出具给向法院提交证据材料的当事人。

二、本样式仅供参考，各级人民法院可以依据《最高人民法院关于登记立案若干问题的规定》要求，制定相应的联式收据。

行政诉讼文书样式87：执行拘留通知书
（妨害行政诉讼用）

×××××人民法院
执行拘留通知书
（妨害行政诉讼用）

（××××）×行×字第××号

××××公安局：

本院在审理（或执行）……（写明当事人姓名或名称、案由和案号）一案中，×××（写明被拘留人姓名）因……（写明采取拘留措施的理由），本院决定给予拘留×日。请你局收押看管，期满解除。

拘留期间自××××年××月××日起至××××年××月××日止。

附：××××人民法院（××××）×行×字第××号拘留决定书×份

××××年××月××日
（院印）

行政诉讼文书样式88：执行拘留通知书（回执）

××××人民法院
执行拘留通知书（回执）

××××人民法院：

你院（××××）×行×字第××号执行拘留通知书及附件收悉。我局已于××××年××月××日××时将×××（写明被拘留人姓名）收押看管在……（写明看守所名称）。

××××年××月××日
（公章）

此联由公安机关填写并加盖公章后退回法院附卷

【说明】

本执行拘留通知书和回执适用于《中华人民共和国行政诉讼法》第五十九条和第九十六条规定的情形。

行政诉讼文书样式89：通知书

（提前解除拘留用）

×××××人民法院

通知书

（提前解除拘留用）

（××××）×行×字第×××号

××××公安局：

因×××在拘留（或申请复议）期间，承认并改正错误，我院决定提前对其解除拘留。请你局在接到本通知书后，立即解除对×××的拘留。

附：××××人民法院（××××）×行×字第××××号提前解除拘留决定书×份

××××年××月××日

（院印）

【说明】

本通知书交由公安机关收执。

行政诉讼文书样式90：通知书（回执）

（提前解除拘留用）

××××人民法院

通知书（回执）

（提前解除拘留用）

（××××）×行×字第×××号

××××人民法院：

你院（××××）×行×字第×××号提前解除拘留通知书及附件收悉。我局已于××××年××月××日对×××解除拘留。

××××年××月××日

（公章）

此联由公安机关填写并加盖公章后退回法院附卷。

行政诉讼文书样式91：通知书

（起诉人直接向上一级人民法院起诉，上级人民法院通知向有管辖权的下级法院起诉用）

××××人民法院

通知书

（起诉人直接向上一级人民法院起诉，上级人民法院通知向有管辖权的下级法院起诉用）

（××××）×行辖字第××号

×××（写明起诉人）：

你诉×××（行政主体）……（写明案由）一案，于××××年××月××日向本院提交起诉状。

本院经审查认为，你向本院起诉不符合《中华人民共和国行政诉讼法》第五十二条规定的条件。本案不属于本辖区重大、复杂案件［或者由××××人民法院（有管辖权的下级人民法院）审理并无不当］。你可以依法向××××人民法院（有管辖权的下级人民法院）提起诉讼。

特此通知。

××××年××月××日

（院印）

【说明】

一、本通知书适用于《中华人民共和国行政诉讼法》第五十二条规定依照《最高人民法院关于行政案件管辖若干问题的规定》第二条第（三）项规定通知起诉人的案件。

二、本通知书送达起诉人，并可以送达有管辖权的人民法院。

三、本通知书的内容，也可由人民法院工作人员以口头方式告知起诉人，并予以记录。

行政诉讼文书样式92：通知书

（准许/不予准许原告或者第三人在第二审程序中提供证据用）

××××人民法院
通知书

（准许/不予准许原告或者第三人
在第二审程序中提供证据用）

（××××）×行×字第××号

×××：

你与×××……（对方当事人的姓名或者名称及案由）一案，因……事由，你提出向本院提供在第一审程序中未向法院提供的有关证据申请。

经审查，申请中的事由属于（或不属于）《最高人民法院关于行政诉讼证据若干问题的规定》第七条第二款规定的正当理由，本院予以准许（或不予准许）。

××××年××月××日
（院印）

【说明】

一、本通知书适用于《最高人民法院关于行政诉讼证据若干问题的规定》第七条第二款规定的情形。

二、准许的通知书应当送达双方当事人及第三人。不予准许的通知书，人民法院可以口头方式告知申请人，并记录在案。

行政诉讼文书样式93：通知书

（二审指定原审被告补充证据期限用）

×××××人民法院

通知书

（二审指定原审被告补充证据期限用）

（××××）×行×字第××号

×××：

你与×××……（对方当事人的姓名或者名称及案由）一案，（上诉人或被上诉人）×××因正当事由需向本院提供其在第一审程序中未提供的证据，根据《中华人民共和国行政诉讼法》第三十九条的规定，本院决定指定你于××××年××月××日前补充相应证据。逾期不举证的，视为放弃举证权利。

××××年××月××日

（院印）

【说明】

一、本通知书适用于《中华人民共和国行政诉讼法》第三十九条及《最高人民法院关于行政诉讼证据若干问题的规定》第九条第一款规定的情形。

二、本通知书送达原审被告。本通知书的内容，也可由审判人员以口头方式告知申请人，并记录在案。

行政诉讼文书样式94：驳回申诉通知书

（当事人在法定期限届满后向人民法院申诉用）

××××人民法院

驳回申诉通知书

（当事人在法定期限届满后向人民法院申诉用）

（××××）×行×字第××号

×××，……（写明申诉人姓名等基本情况。申诉人是单位的，写明单位名称）。

你因与×××……（写明对方当事人姓名或名称、案由和案号）一案，不服××××人民法院于××××年××月××日作出的（××××）×行×字第××号生效裁判，于××××年××月××日向本院申诉。依照《中华人民共和国行政诉讼法》第一百零一条和《中华人民共和国民事诉讼法》第二百零五条规定，对于你的申诉，本院不予立案。

特此通知。

××××年××月××日

（院印）

【说明】

一、本通知书适用于人民法院答复在法定申请再审期限届满后向人民法院申请再审或者申诉的当事人用。

二、法定申请再审期限届满后，当事人继续向人民法院信访反映的，不论是提交再审申请书，还是提交申诉书，可作为信访申诉处理。

三、人民法院可以据情决定是否告知当事人可以向人民检察院申请抗诉或者检察建议。

行政诉讼文书样式95：通知书

（公民起诉的立案通知用）

××××人民法院

通知书

（公民起诉的立案通知用）

（××××）×行×字第××号

×××：

你因与×××……（对方当事人的姓名或者名称及案由）一案，向本院起诉。经审查，你的起诉符合法定立案条件，本院决定立案审理。并将有关事项通知如下：

一、在诉讼进程中，当事人必须依法行使诉讼权利，遵守诉讼秩序，履行诉讼义务。

二、如需委托代理人代为诉讼，应向本院行政审判庭递交由委托人签名或盖章的授权委托书。授权委托书须记明委托事项和权限。

三、应在接到本通知书后七日内，向本院预交案件受理费×元。本院开户银行：×××，账号：××××××。

××××年××月××日

（院印）

附：空白授权委托书二份

【说明】

一、本通知书样式供一审人民法院对行政案件的起诉，经审查立案后，通知原告公民时使用。

二、如有要求提供起诉状副本或补充证据材料等其他事项的，可另起一行增条续写。

三、本样式仅供参考。各级人民法院可以依据《最高人民法院关于登记立案若干问题的规定》要求，制定具体样式。

行政诉讼文书样式96：通知书
（法人、其他组织起诉的立案通知用）

××××人民法院
通知书
（法人、其他组织起诉的立案通知用）

（××××）×行×字第××号

×××：

你单位因与×××……（对方当事人的姓名或者名称及案由）一案，向本院起诉。经审查，你单位的起诉符合法定立案条件，本院决定立案审理。并将有关事项通知如下：

一、在诉讼进程中，当事人必须依法行使诉讼权利，遵守诉讼秩序，履行诉讼义务。

二、应在××××年××月××日前向本院行政审判庭递交法定代表人身份证明书。如需委托代理人代为诉讼，应向本院行政审判庭递交由委托人签名或盖章的授权委托书。授权委托书须记明委托事项和权限。

三、应在接到本通知书后七日内，向本院预交案件受理费×元。本院开户银行：×××，账号：××××××。

××××年××月××日
（院印）

附：

1. 空白法定代表人身份证明书一份
2. 空白授权委托书二份

【说明】

一、本通知书样式供一审人民法院对行政案件的起诉，经审查立案后，通知法人、其他组织时使用。

二、如有要求提供起诉状副本或补充证据材料等其他事项的，可另起一行增条续。

行政诉讼文书样式97：延长审理期限报告

××××人民法院

关于申请延长……一案审理期限的报告

（××××）×行×字第××号

××××人民法院：

本院××××年××月××日立案受理的×××诉×××……（写明当事人的姓名或名称和案由）一案，审理期限到××××年××月××日届满。但因……（写明需要延长审理期限的原因），不能如期结案，需要延长审理期限……（写明具体期限）。请审批。

××××年××月××日

（院印）

附：延长审限案件情况表一份

【说明】

本样式用于一、二审行政案件申请延长审理期限用。

行政诉讼文书样式98：延期审理的批复

（一审延期用）

××××人民法院
延期审理的批复

（一审延期用）

（××××）×行×字第××号

××××人民法院：

你院（××××）×××字第××号关于申请延长×××诉×××……（写明当事人的姓名或名称和案由）一案审理期限的报告收悉。根据《中华人民共和国行政诉讼法》第八十一条的规定，批准（或者不批准）延长该案的审理期限。

××××年××月××日

（院印）

【说明】

本样式用于一审行政案件延期审理的批复。

行政诉讼文书样式99：延期审理的批复

（二审延期用）

×××××人民法院

延期审理的批复

（二审延期用）

（××××）×行×字第××号

××××人民法院：

你院（××××）×行×字第××号关于申请延长×××诉×××……（写明当事人的姓名或名称和案由）一案审理期限的报告收悉。根据《中华人民共和国行政诉讼法》第八十八条的规定，批准（或者不批准）延长该案的审理期限。

××××年××月××日

（院印）

【说明】

本样式用于二审行政案件延期审理的批复。

行政诉讼文书样式100：审理报告
（一审行政案件用）

关于……（写明当事人姓名或名称和案由）一案的审理报告
（一审行政案件用）

（××××）×行初字第××号

一、案件的由来和审理经过

……（写明原告的姓名或名称）因不服……（写明被告的机关名称、案由）一案，向本院提起诉讼。本院受理后，依法组成合议庭，由审判员（或代理审判员）×××担任审判长，审判员（或代理审判员）×××、×××参加评议，×××主审，并于××××年××月××日公开（或不公开）开庭审理了本案。……（写明当事人参加诉讼和到庭情况）。本案现已审理完毕。

二、当事人和其他诉讼参加人的基本情况

……（分项写明当事人和其他诉讼参加人的基本情况。具体写法，可参照一审行政判决书样式写）。

三、当事人的诉讼请求和理由

……（首先，写明被告的行政行为或行政处罚决定、复议决定及其所依据的事实、证据或根据，或者没有依法实施行政行为的情况；其次，写明原告起诉所陈述的事实、理由及其诉讼请求；再次，写明被告的答辩以及第三人的意见等内容。这部分内容的叙述，不要照抄原告起诉状、被告原行政行为决定、答辩状和第三人意见，要作必要的归纳提炼，但应比行政裁判文书中叙述的内容详细、具体一些。如果这部分内容较多或情节比较复杂，可以分段书写）。

四、事实和证据的分析与认定

……（详细写明法院经审理查证后所认定的事实及其证据和根据。行政案件的事实，主要有三类：其一是被告对原告的行政处罚、行政强制措施或其他行政行为所依据的事实；其二是被告的行政行为是否违反了法律规定，以致侵犯了原告的人身、财产和经营自主等权益的事实；其三是被告是否拒绝或拒不答复原告申请履行的法定职责，以致原告的某种权益受到损失的事实。本部分应写明的是本院经审理查证之后，确认原告起诉的有关上述三方面的事实，哪些是真实的或全部是真实的，有哪些可靠的证据足以证明；哪些是错误的或全部是错误的，有哪些否定的理由和根据。如果当事人对上述事实和证据提出异议或互相争执的，应当有重点地逐条分析评论，列举足够的理由和根据，将真伪予以辨清）。

五、需要说明的问题

……（主要写明与本案有关联、需要另行说明的一些问题，以及案件的背景情况，不同的反映和意见等）。

六、处理意见和理由

……（此项应当写明的内容，实际上就是行政判决书中的理由和判决两项内容的更为具体、详细的叙述。要根据法院审理查证后确认的事实和情节，依照有关的法律和行政法规，参照行政规章，参考有关的法学理论，对被告的行政行为，包括行政处罚决定、复议决定、其他行政行为和没有实施某种行政行为，是否合法、正确，哪些部分是或者全部是合法的、正确的，哪些部分是或者全部是违法的、错误的，以及原告的诉讼请求和理由、被告的答辩和理由、第三人的意见和理由是否成立，哪一些有根有据、合理合法，哪一些无根无据、无理违法等，进行分析论证，作出正确评定。在分析论证的基础上，提出解决案件实体问题的处理意见，写明根据的法律、法规或规章的具体条款项，提出维持、撤销、变更或者部分撤销、部分变更被告原行政处罚决定、其他处理决定，或者判决由被告在一定期限内履行某种法定职责，或者赔偿原告的损失等具体处理意见和理由。需要提出司法建议的，应当另起一行写明其内容，如建议什么问题和理由，向哪个单位提出建议等等）。

主审人：×××

××××年××月××日

【说明】

一、本审理报告样式，供各级人民法院审理第一审行政案件时使用。人民法院以裁定方式结案的，也应根据本样式撰写审理报告。

二、行政案件的审理报告标题应特定化，例如：《关于××不服××的××行为一案的审理报告》，等等。

行政诉讼文书样式101：审理报告
（二审行政案件用）

关于……（写明当事人姓名或名称和案由）上诉案的审理报告
（二审行政案件用）

（××××）×行终字第××号

一、案件的由来和审理经过

原审原告×××（写明原告的姓名或名称）不服被告×××……（写明被告的机关名称和案由）一案，已由××××人民法院于××××年××月××日作出（××××）×行×字第×号行政判决。×告×××不服，向本院提起上诉。本院受理后，依法组成合议庭，由审判员（或代理审判员）×××担任审判长，审判员（或代理审判员）×××、×××参加评议，×××主审，并于××××年××月××日公开（或不公开）开庭审理了本案。……（写明当事人参加诉讼和到庭情况）。本案现已审理完毕。

二、当事人和其他诉讼参加人的基本情况

……（分项写明当事人和其他诉讼参加人的基本情况。具体写法，可参照二审行政判决书样式写）。

三、原审判决认定的事实和裁判理由

……（写明原审判决认定的事实、证据、理由和判决结果）。

四、当事人上诉、答辩的请求和主要理由

……（写明上诉的主要内容，包括对原判认定的事实、证据、理由和判决结果不服的内容及其理由和请求等。再写明答辩的主要请求、理由等。有第三人的，写明第三人陈述意见）。

五、二审对事实和证据的分析与认定

……（详细写明二审法院经审理查证后，确认原审判决认定的事实哪些是正确的或全部是正确的，有哪些可靠的证据和根据可以充分证明；哪些是错误的或全部是错误的，有哪些足以否定的理由和根据等。如果上诉人对事实和证据方面提出异议或者与答辩有争议，应重点逐条作出分析评论，确认何者能成立，何者不能成立，并阐明理由和根据。可以展开书写，不须拘束）。

六、需要说明的问题

……（主要写明与本案有关联、需要另行说明的一些问题，以及案件的背景情况，不同的反映和意见等）。

七、处理意见和理由

……（此项应当写明的内容，是根据二审确认的事实和情节，对照有关的法律、法规和规章的规定，参考有关的法学理论，对上诉的请求和理由能否成立，作出分析评定；对原判处理实体问题的判决是否正确，是全部正确或者部分正确，哪些部分有错误或者全部错误，理由和根据有哪些，作出全面的分析评论。并在分析评论的基础上引述法律、法规和规章的条款项，提出二审的判决意见，阐明维持原判、改判或者发回重审的理由。需要提出司法建议的，应另起一行写明需向哪个单位提出什么司法建议，为什么要提出司法建议等）。

主审人：×××

××××年××月××日

【说明】

本审理报告样式，供人民法院审理第二审行政案件时使用。人民法院以裁定方式结案的，也应根据本样式撰写审理报告。

行政诉讼文书样式102：审理报告

（再审行政案件用）

关于……（写明当事人姓名或名称和案由）一案的审理报告

（再审行政案件用）

（××××）×行×字第××号

一、案件的由来和审理经过

×××（写明原审原告的姓名或者名称）不服原审被告×××……（写明被告的机关名称和案由）一案，经本院（或××××人民法院）于××××年××月××日作出（××××）××行×字第×号行政判决，……（此处写明是否经过上诉过程的情况），判决已经发生法律效力。……（此处写明提起再审程序，包括申诉、复查的经过）。本院依法另行组成（或本院依法组成）合议庭，由审判员（或代理审判员）×××担任审判长，审判员（或代理审判员）×××、×××参加评议，×××主审，并于××××年××月××日公开（或不公开）开庭审理了本案。……（写明当事人参加诉讼和到庭情况，未开庭不写）。本案现已审理完毕。

二、当事人和其他诉讼参加人的基本情况

……（分项写明当事人和其他诉讼参加人的基本情况。具体写法，可参照再审行政判决书样式写）。

三、原审判决认定的事实和裁判理由

……（写明原审生效判决，包括原一审、二审判决认定的事实、证据、理由和判决结果的主要内容）。

四、申请再审的理由及对方当事人答辩意见

（写明申请再审的原因和理由，包括对生效判决的事实、证据、理由和判决结果不服的内容及其理由和请求等。如系本院或上级人民法院发现本案原判有错误的，应写明其错误的主要内容）。

五、再审对事实和证据的分析与认定

……（详细写明经再审审理查证后，确认原审生效判决认定的事实哪些是正确的或全部是正确的，有哪些可靠的证据和根据可以充分证明；哪些是错误的或全部是错误的，有哪些足以否定的理由和根据等。如果申诉人或有关单位、个人对事实和证据方面提出异议或者对答辩有争议，应予重点逐条作出分析评论，确认何者能成立，何者不能成立，并阐明理由和根据）。

六、需要说明的问题

……（主要写明与本案有关联、需要另行说明的一些问题，以及案件的背景情况，不同的反映和意见等）。

七、处理意见和理由

……（写明再审确认的事实和情节，对照有关法律、法规和规章的规定，参考有关的法学理论，对申诉人的请求和理由能否成立，作出分析评定；对原审判决是否正确，是全部正确或者部分正确，哪些部分有错误或者全部错误，理由和根据有哪些，作出全面的分析评论。并在分析评论的基础上引述法律、法规和规章的条款项，提出再审的判决意见，阐明维持原判、改判或者发回重审的理由。需要提出司法建议的，应另起一行写明需向哪个单位提出什么司法建议，理由和根据是什么等等）。

主审人：×××

××××年××月××日

【说明】

本审理报告样式，供各级人民法院审理再审行政案件时使用。人民法院以裁定方式结案的，也应根据本样式撰写审理报告。

行政诉讼文书样式103：司法建议书

（人民法院提出书面建议用）

××××人民法院

司法建议书

（人民法院提出书面建议用）

（××××）×行×字第××号

××××（主送单位名称）：

本院在审理×××诉×××……（写明当事人姓名或者名称和案由）一案中，发现……（写明发现行政行为存在的问题和提出建议的理由）。为此，特建议：

……（写明建议的具体事项）。

以上建议请研究处理，并尽快将处理结果函告本院。

抄送：××××（抄送机关名称）

××××年××月××日

（院印）

【说明】

一、本样式供各级人民法院在行政案件的审判和执行过程中发现有关单位存在重要问题，向该单位或其上级领导机关提出解决问题和改进工作的书面建议时使用。

二、“存在的问题”要书写清楚，“提出建议的理由”要有法律、法规和政策依据，建议的事项要具体明确，切实可行。特别是对有关人员的处理建议，要有确凿的事实根据和法律、法规或规章的依据。如涉及《中华人民共和国行政诉讼法》第九十六条第（四）项有关问题提出司法建议的，应当引用上述法条作为依据。

行政诉讼文书样式104：处理建议书

（对规范性文件提出处理建议用）

××××人民法院

处理建议书

（对规范性文件提出处理建议用）

（××××）×行×字第××号

××××（主送单位名称）：

在×××诉×××……（写明当事人姓名或名称和案由）一案中，原告×××认为……（写明规范性文件的名称，并归纳原告认为规范性文件不合法的理由）不合法，依据《中华人民共和国行政诉讼法》第五十三条的规定一并请求对……（写明规范性文件的名称）进行审查。

本院审查后于××××年××月××日作出（××××）×行×字第××号判决，并将该规范性文件不作为认定行政行为合法的依据。该判决已发生法律效力。本院认为，……（写明规范性文件不合法的结论及其理由）。根据《中华人民共和国行政诉讼法》第六十四条的规定，特建议：

……（写明建议的具体事项）。

以上建议请研究处理，并将处理结果函告本院。

抄送：××××（抄送机关名称）

××××年××月××日

（院印）

附：行政判决书××份

【说明】

一、本处理建议书样式供各级人民法院根据《中华人民共和国行政诉讼法》第五十三条的规定一并对规范性文件进行审查过程中，发现规范性文件存在不合法的问题，依据《中华人民共和国行政诉讼法》第六十四条规定，向制定机关提出处理建议时使用。

二、“规范性文件不合法的结论及理由”应当与行政判决书主文保持一致。“提出建议的理由”要有法律、法规和政策依据，建议的事项要具体明确，切实可行，并要正确处理好人民法院处理建议权的界限。

行政诉讼文书样式105：委托调查函

（委托其他法院协助调查用）

××××人民法院

委托调查函

（委托其他法院协助调查用）

（××××）×行×字第××号

××××人民法院：

我院受理×××诉×××……（写明当事人姓名或者名称和案由）一案，因……（写明需要委托调查的理由），特委托你院协助调查下列提纲中所列举的事项，并将调查材料和其他需要说明的问题尽快函复我院。

××××年××月××日

（院印）

附：调查提纲

【说明】

一、本函供各级人民法院在审理行政案件中，委托其他法院协助调查时使用。

二、本函发出时，必须附调查提纲，写明调查的项目和要求。

行政诉讼文书样式106：委托宣判函

（委托其他法院宣判用）

××××人民法院

委托宣判函

（委托其他法院宣判用）

（××××）×行×字第××号

××××人民法院：

我院受理×××诉×××……（写明当事人姓名或者名称和案由）一案，现已审理终结。随函寄去本院（××××）×行×字第××号（判决或裁定）书×份，送达回证×件，请于收到后×日内代为宣判和送达，并将宣判笔录和送达回证尽快寄回我院。

××××年××月××日

（院印）

【说明】

本函样式供各级人民法院审理行政案件，在作出判决或裁定后，委托其他法院代为宣判时使用。

行政诉讼文书样式107：案件移送函

××××人民法院
案件移送函

（××××）×行×字第××号

××××（受移送机关名称）：

关于×××诉×××……（写明当事人姓名或者名称和案由）一案，因……（写明移送的原因和理由），根据……（写明有关的法律、法规、司法解释和政策文件规定），现将该案移送你××，请查收。

××××年××月××日
（院印）

附：移送材料清单

【说明】

一、本函样式供各级人民法院在收到行政案件之后，经审查不属于本院管辖或者不属于法院主管，因而向其他法院、公安机关、检察机关或者监察、行政机关移送时通用。

二、移送案件时，应将有关材料、证据作为本函的附件一并转送。

行政诉讼文书样式108：调卷函

××××人民法院

调卷函

（××××）×行×字第××号

××××人民法院：

你院审判的（××××）×行×字第××号×××诉×××……（写明当事人姓名或者名称和案由）一案，现因……（写明需要调卷的原因和理由），请将该案的全部案件材料检送我院。

××××年××月××日

（院印）

【说明】

本函样式供各级人民法院向其他法院调阅案卷材料时通用。

行政诉讼文书样式109：送卷函

××××人民法院
送卷函

（××××）×行×字第××号

××××人民法院：

你院××××年××月××日（××××）×字第××号调卷函收到。现检送×××诉×××……（写明当事人姓名或者名称、案由和案号）一案的全部案卷材料，请查收。

××××年××月××日
（院印）

附：案卷××宗

【说明】

本函样式供各级人民法院给其他法院检送案卷材料时通用。

行政诉讼文书样式110：退卷函

×××× 人民法院
退卷函

（××××）×行×字第××号

××××人民法院：

现将你院（××××）×字第××号×××诉×××……（写明当事人姓名或者名称和案由）一案的全部案卷材料退还，请查收。

××××年××月××日
（院印）

附：案卷××宗

【说明】

本函样式供各级人民法院给其他法院退送案卷材料时通用。

行政诉讼文书样式111：行政起诉状

行政起诉状

原告×××，……（自然人写明姓名、性别、工作单位、住址、有效身份证件号码、联系方式等基本信息；法人或其他组织写明名称、地址、联系电话、法定代表人或负责人等基本信息）。

委托代理人×××，……（写明姓名、工作单位等基本信息）。

被告×××，……（写明名称、地址、法定代表人等基本信息）。

其他当事人×××，……（参照原告的身份写法，没有其他当事人，此项可不写）。

诉讼请求：……（应写明具体、明确的诉讼请求）。

事实和理由：……（写明起诉的理由及相关事实依据，尽量逐条列明）。

此致

××××人民法院

原告：×××（签名盖章）

［法人：×××（盖章）］

××××年××月××日

（写明递交起诉状之日）

附：

1. 起诉状副本××份
2. 被诉行政行为××份
3. 其他材料××份

【说明】

一、根据立案登记制，行政起诉采取书面主义，即起诉人除确实存在困难外，必须递交行政起诉状，且起诉状必须具备法定的基本要素和要求，能初步证明符合《中华人民共和国行政诉讼法》第四十九条等规定的起诉条件。

二、公民、法人或者其他组织提起行政诉讼，可以根据《中华人民共和国行政诉讼法》第四十九条第（三）项的规定提出下列具体的诉讼请求：

（1）请求判决撤销、变更行政行为；

（2）请求判决行政机关履行法定职责或者给付义务；

（3）请求判决确认行政行为违法；

（4）请求判决行政机关予以赔偿或者补偿；

（5）请求解决行政协议争议；

（6）请求一并审查规章以下规范性文件；

（7）请求一并解决相关民事争议。

（8）其他诉讼请求。

诉讼请求不明确的，人民法院应当予以释明。

行政诉讼文书样式112：行政诉讼答辩状

行政诉讼答辩状

答辩人×××，……（写明名称、地址、法定代表人等基本信息）。
法定代表人×××，……（写明姓名、职务等基本信息）。
委托代理人×××，……（写明姓名、工作单位等基本信息）。
因×××诉我单位……（写明案由或起因）一案，现答辩如下：
答辩请求：……
事实和理由：……（写明答辩的观点、事实与理由）。

此致
××××人民法院

答辩人：×××（盖章）
××××年××月××日
（写明递交答辩状之日）

附：
1. 答辩状副本×份
2. 其他文件×份
3. 证物或书证×件

【说明】

行政答辩状是行政诉讼中的被告（或被上诉人）针对原告（或上诉人）在行政起诉状（或上诉状）中提出的诉讼请求、事实与理由，向人民法院作出的书面答复，适用《中华人民共和国行政诉讼法》第六十七条的规定。

行政诉讼文书样式113：上诉状

上诉状

上诉人×××，……（写明姓名或名称等基本情况）。

被上诉人×××，……（写明姓名或名称等基本情况）。

上诉人×××因……（写明案由）一案，不服××××人民法院××××年××月××日作出的（××××）×行×字第××号（判决或裁定），现提出上诉。

上诉请求：

……（写明具体的上诉请求）。

上诉理由：

……（写明不服原审判决和裁定的事实及理由）。

此致

××××人民法院

上诉人：×××（签名或者盖章）

××××年××月××日

附：上诉状副本××份

【说明】

一、本样式供行政案件的当事人对一审判决、裁定不服提起上诉用。

二、上诉状副本份数，应按被上诉人的人数提交。

三、有新证据的，应附上新的证据。

行政诉讼文书样式114：再审申请书

再审申请书

申请人×××，……（写明姓名或名称等基本情况）。

被申请人×××，……（写明姓名或名称等基本情况）。

申请人×××因……（写明案由）一案，不服××××人民法院××××年××月××日（××××）×行×字第××号（判决、裁定或调解），根据……的规定（写明申请再审的法律依据），现提出再审申请。

申请请求：

……（写明具体的申请请求）。

申请理由：

……（写明具体的申请事实、理由以及具体的法律依据）。

此致

××××人民法院

再审申请人：×××（签名）

××××年××月××日

附：

1. 再审申请书副本××份
2. 原审裁判文书副本××份

【说明】

一、本样式系当事人对已经生效的行政判决、裁定或者调解不服提起再审申请时用。

二、“申请人”“被申请人”中当事人基本信息写法，可参照二审判决书样式。

三、再审申请书副本份数，应按被申请人的人数提交。再审申请的其他要求，按最高人民法院相关司法解释的规定执行。

四、有新证据的，应附上新的证据。

行政诉讼文书样式115：法定代表人身份证明书

法定代表人身份证明书

×××（写明法定代表人的姓名等基本信息）在我单位担任×××职务，系我单位法定代表人（或负责人），特此证明。

单位（盖章）

××××年××月××日

行政诉讼文书样式116：代表人身份证明书

（共同诉讼的当事人推选的代表人用）

代表人身份证明书

（共同诉讼的当事人推选的代表人用）

我们共同推选×××（姓名、性别、出生年月、身份证号等基本信息）为我方参加诉讼的代表人，其诉讼行为，对全体推选人发生效力。

特此证明。

此致

××××人民法院

推选人：×××（签字）

××××年××月××日

附：

1. 代表人地址
2. 代表人电话

行政诉讼文书样式117：授权委托书

（公民个人用）

授权委托书

（公民个人用）

委托人姓名：

受委托人姓名：　　　　　　　　性别：

工作单位：

住址：　　　　　　　　　　　　联系电话：

现委托×××在我与×××……（写明案由）一案中，作为我参加诉讼的诉讼代理人。委托事项与权限如下：

……（写明委托事项及权限）。

委托人：×××（签名盖章）

受委托人：×××（签名盖章）

××××年××月××日

【说明】

一、公民当事人委托律师的，写明律师姓名和所在律所即可。委托其他公民的，写明受委托人的基本信息，如姓名、性别、年龄、工作单位、住址。

二、当事人根据《中华人民共和国行政诉讼法》第三十一条规定委托近亲属或者工作人员，或者委托当事人所在社区、单位以及有关社会团体推荐的公民，人民法院可以要求提供相应的证明材料。

三、委托他人代为诉讼，必须向人民法院提交由委托人签名或者盖章的授权委托书。

授权委托书必须记明委托事项和权限。诉讼代理人代为承认、放弃、变更诉讼请求，进行和解，提起反诉或者上诉，必须有委托人的特别授权。

侨居在国外的中华人民共和国公民从国外寄交或者托交的授权委托书，必须经中华人民共和国驻该国的使领馆证明；没有使领馆的，由与中华人民共和国有外交关系的第三国驻该国的使领馆证明，再转由中华人民共和国驻该第三国使领馆证明，或者由当地的爱国华侨团体证明。

行政诉讼文书样式118：授权委托书
（法人单位用）

授权委托书
（法人单位用）

委托单位×××，……（写明名称、地址等基本信息）。

法定代表人（或负责人）×××，……（写明姓名、职务等基本信息）。

受委托人×××，……（写明受委托人的基本信息如姓名、性别、年龄、工作单位、住址；受委托人是律师的，则写明律师姓名和所在律所即可）。

现委托上列受委托人在……（写明案由）一案中，作为我方诉讼代理人。

代理人×××的代理事项和权限为：

……

代理人×××的代理事项和权限为：

……

委托单位：×××（盖章）

××××年××月××日

【说明】

一、授权委托书应当写明几项必要内容：（1）委托人与被委托人的基本信息；（2）委托代理的事项和权限；（3）签字确认和时间。

二、当事人根据《中华人民共和国行政诉讼法》第三十一条规定委托近亲属或者工作人员，或者委托当事人所在社区、单位以及有关社会团体推荐的公民，人民法院可以要求提供相应的证明材料。

行政诉讼文书样式119：公民财产保全申请书

（申请财产保全用）

公民财产保全申请书

（申请财产保全用）

申请人×××，……（写明姓名或名称等基本情况）。

被申请人×××，……（写明姓名或名称等基本情况）。

申请事项：

申请人×××因不服被申请人×××……（写明案由）一案，于××××年××月××日向你院起诉在案（或申请人即将提起诉讼），被申请人有出卖（毁损、转移、隐匿等）诉讼争执标的物的可能，为此，申请给予实施财产保全。

申请理由：

……

此致

××××人民法院

申请人：×××（签字/公章）

××××年××月××日

附：

1. 书证×件
2. 物证×件
3. 证人×××（姓名、性别、出生年月、地址）

【说明】

本申请书主要用于原告对第三人或者在一并审理的民事案件中，民事法律关系当事人用。对行政机关不适用财产保全。

行政诉讼文书样式120：保全证据申请书

（申请保全证据用）

保全证据申请书

（申请保全证据用）

申请人×××，……（写明姓名或名称等基本情况）。

申请事项：

申请人×××因×××（写明案由）一案，你院已于××××年××月××日立案。现因该案有关证据×××即将灭失（或以后难以取得），根据《中华人民共和国行政诉讼法》第四十二条的规定，特向你院申请给予证据保全。

申请理由：

……

此致

××××人民法院

申请人：×××（签字/公章）

××××年××月××日

【说明】

本申请书适用于当事人申请保全证据用。保全证据申请一般只能在法院立案后提出。

行政诉讼文书样式121：缓（或减、免）交诉讼费申请书

（申请缓交、减交或免交诉讼费用）

缓（或减、免）交诉讼费申请书

（申请缓交、减交或免交诉讼费用）

申请人×××，……（写明姓名等基本情况）。

申请事项：

……

申请理由：

……

此致

××××人民法院

申请人：×××（签字）

××××年××月××日

附：×××（相关证明文件）

【说明】

本申请书适用于《诉讼费用交纳办法》第四十四条至第五十一条规定的情形。

行政诉讼文书样式122：参加诉讼申请书

（申请参加诉讼用）

参加诉讼申请书

（申请参加诉讼用）

申请人×××，……（写明申请参加诉讼主体的姓名或名称、地址、联系方式等基本情况）。

请求事项：……（写明参加诉讼的请求，如请求作为第三人申请参加诉讼）。

申请理由：

……（写明申请参加诉讼的理由及依据。如同被诉行政行为有利害关系但没有提起诉讼，或者同案件处理结果有利害关系）。

证据及其来源：

……

此致

××××人民法院

申请人：×××（签名盖章）

××××年××月××日

附：

1. 申请书副本×份
2. 证据×份
3. 其他证明材料×份

【说明】

本申请书适用于《中华人民共和国行政诉讼法》第二十九条规定的情形。

行政诉讼文书样式123：不公开审理申请书

（申请案件不公开审理用）

不公开审理申请书

（申请案件不公开审理用）

申请人×××，……（写明姓名或名称等基本情况）。

申请事项：

你院受理的×××诉×××……（写明案由）一案，根据《中华人民共和国行政诉讼法》第五十四条的规定，特申请不公开审理。

申请理由：

……

此致

××××人民法院

申请人：×××（签字/公章）

××××年××月××日

行政诉讼文书样式124：申请书

（单独申请一并审理民事争议用）

申请书

（单独申请一并审理民事争议用）

申请人×××，……（写明姓名或名称等基本情况）。

申请事项：请求在……（写明行政诉讼的案号）一案中一并审理我与×××的……（写明民事争议的案由）。

理由：

……（写明申请一并审理的理由）。

此致

××××人民法院

申请人：×××

××××年××月××日

附：民事起诉状及相关证据材料

【说明】

一、本申请适用于原告未在起诉状中请求而是在第一审开庭审理前，依照《中华人民共和国行政诉讼法》第六十一条的规定，在涉及行政许可、登记、征收、征用和行政机关对民事争议所作的裁决的行政诉讼中，当事人单独申请一并解决相关民事争议时使用。

二、“申请事项”中民事争议的案由应当简明、清晰，与附具的民事起诉状的诉讼请求相对应。

三、理由部分简要写明民事争议的案由及主要事实，重点写明申请一并审理民事争议的原因，主要围绕民事争议与行政案件的关联性进行阐述。

四、申请书应当附具民事争议的起诉状及相关证据材料，可以参考民事起诉状的样式撰写。

行政诉讼文书样式125：申请书
（单独请求一并审查规范性文件用）

申请书
（单独请求一并审查规范性文件用）

申请人×××，……（写明姓名或名称等基本情况）。

申请事项：请求在……（写明行政诉讼的案号）一案中一并审查……（写明规范性文件的名称）中……（写明请求一并审查的规范性文件的具体条、款、项、目）。

理由：

……（写明请求一并审查的理由）。

此致

××××人民法院

申请人：×××

××××年××月××日

附：规范性文件

【说明】

一、本申请适用于原告未在起诉状中请求而是在第一审开庭审理前，依照《中华人民共和国行政诉讼法》第五十三条的规定，单独请求对行政行为所依据的国务院部门和地方人民政府及其部门制定的规范性文件进行审查时使用。

二、理由部分主要围绕被诉行政行为所依据的相关条款的合法性进行论述；整个规范性文件均是行政行为的直接依据时，也可以对整个规范性文件的合法性进行论述。

行政诉讼文书样式126：适用简易程序暨移送非集中管辖法院审理建议书

（适用简易程序暨移送非集中管辖法院审理征求当事人意见用）

××××人民法院

适用简易程序暨移送非集中管辖法院审理建议书

（适用简易程序暨移送非集中管辖法院审理征求当事人意见用）

（××××）×行初字第××号

×××：

你与×××（对方当事人名称）因……（写明案由）一案，属于本院管辖。为提高审判效率，及时解决行政争议，根据《中华人民共和国行政诉讼法》第八十二条第二款的规定，如当事人各方同意，本案可以适用简易程序审理。本案适用简易程序审理时，也可由××××法院管辖。现征求你的意见，请你在收到本建议书之日起×日内回复我院是否同意适用简易程序审理、是否同意本院将案件移送××××法院管辖。如果当事人各方均同意适用简易程序审理，各方也均同意将案件移送××××法院管辖的，本院会及时将本案移送××××法院，并适用简易程序审理。

××××年××月××日

（院印）

附：

回　执

当事人：	案号：
是否同意适用简易程序审理： 是否同意将本案移送××××法院管辖： 签名： 年　　月　　日	

【说明】

一、本样式适用于集中管辖行政案件法院在立案和庭审前征求当事人对是否适用简易程序，以及是否同意将案件移送原有管辖权法院管辖用。

二、本样式根据《中华人民共和国行政诉讼法》第八十二条第二款的规定及最高人民法院有关集中管辖司法文件制定。本样式仅适用于根据有关集中管辖规定，原有管辖权人民法院行政审判庭仍保留并经批准有权管辖行政简易程序案件用。

三、本建议书送达各方当事人。

行政诉讼文书样式127：延期举证申请书

（申请延期举证用）

延期举证申请书

（申请延期举证用）

申请人×××，……（写明姓名或名称等基本情况）。

申请事项：

……（含申请延长的期限）。

申请理由：

……

此致

××××人民法院

申请人：×××（签字/公章）

××××年××月××日

行政诉讼文书样式128：停止执行申请书

（申请停止执行用）

停止执行申请书

（申请停止执行用）

申请人×××，……（写明姓名或名称等基本情况）。

申请事项：

根据《中华人民共和国行政诉讼法》第五十六条的规定，特向你院申请停止执行被告（或被上诉人、被申请人）×××的行政行为（可写明具体内容）。

申请理由：

……

此致

××××人民法院

申请人：×××（签字/公章）

××××年××月××日

行政诉讼文书样式129：先予执行申请书

（申请先予执行用）

先予执行申请书

（申请先予执行用）

申请人×××，……（写明姓名等基本情况）。

请求事项：

根据《中华人民共和国行政诉讼法》第五十七条的规定，特向你院申请责令×××先予支付抚恤金（或最低生活保障金，工伤、医疗社会保险金）……（写明给付数量、金额等）。

申请理由：

……

此致

××××人民法院

申请人：×××（签字）

××××年××月××日

【说明】

先予执行是指法院对某些案件作出判决前，为解决权利人的生活所需，裁定义务机关履行一定义务的诉讼措施。先予执行的条件是：(1) 当事人之间权利关系明确，不先予执行会严重影响原告的生活；(2) 被申请人有履行能力；(3) 在作出判决之前采取。先予执行的范围主要有三类：一是支付抚恤金的案件；二是支付最低生活保障金的案件；三是支付工伤、医疗社会保险金的案件。

行政诉讼文书样式130：证人出庭申请书

（申请证人出庭用）

证人出庭申请书

（申请证人出庭用）

申请人×××，……（写明姓名或名称等基本情况）。

申请事项：

申请人×××因……（写明案由）一案，你院已于××××年××月××日立案受理。为查明案件事实，特向你院申请通知证人×××出庭作证。

申请理由：

……

此致

××××人民法院

申请人：×××（签字/公章）

××××年××月××日

附：

证人联系方式：证人×××（姓名、性别、身份证件号码、地址、电话）

【说明】

本申请书适用于《最高人民法院关于行政诉讼证据若干问题的规定》第四十三条规定的情形。

行政诉讼文书样式131：重新鉴定申请书
（申请重新鉴定用）

重新鉴定申请书
（申请重新鉴定用）

申请人×××，……（写明姓名或名称等基本情况）。

申请事项：

……

申请理由：

……

此致

××××人民法院

申请人：×××（签字/公章）

××××年××月××日

【说明】

本申请书适用于《最高人民法院关于行政诉讼证据若干问题的规定》第二十九条规定的情形。

行政诉讼文书样式132：重新勘验申请书

（申请重新勘验用）

重新勘验申请书

（申请重新勘验用）

申请人×××，……（写明姓名或名称等基本情况）。

申请事项：

……

申请理由：

……

此致

××××人民法院

申请人：×××（签字/公章）

××××年××月××日

【说明】

本申请书适用于《最高人民法院关于行政诉讼证据若干问题的规定》第三十四条第三款规定的情形。

附录一：

诉讼文书写作技术规范参考

一、基本规范

1. 当事人名称需要用到简称的，在当事人基本情况、案件来源和诉讼文书主文部分用当事人全称，其余部分均用简称指代该当事人，出现次数很少的当事人不必使用简称。当事人简称在案件来源部分当事人全称后加括号注明简称。当事人简称应当保持一致，做到简明规范，体现当事人的特点。

2. 第一次引用法律、法规或司法解释的，应写明全称并注明简称，如《中华人民共和国行政诉讼法》（以下简称行政诉讼法）。此后使用该简称不加书名号。引用次数很少的法律或司法解释不必使用简称。

3. 文书中所涉及的人名、地名、数字、引文应尽可能准确。引用行政机关文件应当先引标题，后引发文字号。引用外文应当注明中文含义。

4. 文书中结构层次序数按实际需要依次以“一、”“（一）”、“1.”和“（1）”写明。应注意“（一）”和“（1）”之后不加顿号，结构层次序数中的阿拉伯数字右下用圆点，不用逗号或顿号。

5. 为避免引起歧义，诉讼文书中尽量不使用“原审”的表述，应当指出具体审级，如“二审法院”、“再审判决”。

6. 在诉讼文书中指代本院时，应当使用“本院”，不应使用“我院”的表述。

二、标点符号的用法

1. “判决如下”、“裁定如下”等词语之后，应使用冒号。

2. “原告诉称”、“被告辩称”、“起诉书指控”、“自诉人控告”、“经审理查明”、“本院认为”等词语之后，凡所提示的下文只有一层意思的用逗号；有数层意思的用冒号，数层意思之间用分号。

3. 除上述规定外，其他标点符号的使用问题，依照《中华人民共和国国家标准〈标点符号用法〉》的规定执行。

三、数字的用法

1. 裁判文书中表述数字，根据国家相关规定和法院诉讼文书的特点，视不同情况可分别使用阿拉伯数字或汉字数字小写（下简称汉字数字），但应保持相对统一。

2. 下列情况，应使用汉字数字：

（1）裁判文书尾部的年、月、日；

（2）裁判文书的裁判主文需要列条的序号；

（3）裁判文书的裁判主文涉及的数字；

（4）数字作为词素构成定型的词、词组、成语、惯用语、缩略语或具有修辞色彩的词语，如：一律、四边形、星期五、三棱刮刀、七上八下、第三季度、某部三连一排二班；

（5）相邻的两个数字并列连用，表示概数的词语，如：二三米、三五天、十七八岁、七八十种，但在连用的两个数字之间不得用顿号隔开；

（6）带有“几”字的数字表示的约数，如：几十年、三十几天、几万分之一。

3. 下列情况，应使用阿拉伯数字：

（1）除第2条列举的情况之外的公历世纪、年代、年、月、日及时、分、秒；

（2）物理量的量值，即表示长度、质量、电流、热力学温度、物质的量和发光强度量等的量值，如：856.80千米、500克、12.5平方米；

（3）非物理量（日常生活中使用的量）的数量，如：48.60元、27亿美元、18岁、10个月；

（4）案号、部队番号、证件号码、地址门牌号码；

（5）为保持裁判文书体例一致，凡用“多”、“余”、“左右”、“上下”、“约”等表示的约数，如：60余次、约60次、600多吨。

4. 使用阿拉伯数字应注意下列问题：

（1）4位以内的数字，不需用分节法，如：8715；

（2）4位以上的数字，采用国际通行的三位分节法，即从小数点往前每三位数字为一节，节与节之间采用空格的方法断开，空格位置不需使用千分撇（“,”），如：2748456写为2 748 456；

（3）5位以上的数字，尾数零多的，可以“万”、“亿”为单位（千克、千米、千瓦、兆赫等法定课题单位中的词头不在此列），如：123 000 000，可以写成12300万或1.23亿，但不能写作1亿2千3百万；

（4）每两个阿拉伯数字占一个汉字的位置；

（5）一个用阿拉伯数字书写的多位数不能断开移行，如：500000，不能在一行末写500，又在下一行开头写000；

（6）年份不能简写，如：“1999年”不得写为“99年”。

5. 引用法律法规条文，应当用汉字数字注明条文序号，如《中华人民共和国行政诉讼法》第六十六条。引用司法解释，司法解释条文序号使用汉字的，用汉字数字注明条文序号；司法解释条文序号使用阿拉伯数字的，用阿拉伯数字注明条文序号。

6. 除上述规定外，其他数字的使用问题，依照《中华人民共和国国家标准〈出版物上数字用法〉》的要求执行。

四、计量单位的用法

1. 长度法定计量单位采用米制，单位名称用“米”、“海里”、“千米（公里）”；不得使用“公分”、“尺”、“寸”、“分”及“时（英寸）”。

2. 质量计量单位名称使用“千克”、“克”、“吨”；不得使用“斤”、“两”。

3. 时间计量单位名称使用“秒”、“分”、“时”、“日”、“周”、“月”、“年”；不得使用“点”、“刻”。

4. 体（容）积计量单位名称使用“升”；不得使用“公升”。

5. 其他计量单位的使用问题，依照《中华人民共和国法定计量单位》的规定执行。

附录二：

中华人民共和国国家标准 GB/T 9704—2012
党政机关公文格式

1 范围

本标准规定了党政机关公文通用的纸张要求、排版和印制装订要求、公文格式各要素的编排规则，并给出了公文的式样。

本标准适用于各级党政机关制发的公文。其他机关和单位的公文可以参照执行。

使用少数民族文字印制的公文，其用纸、幅面尺寸及版面、印制等要求按照本标准执行，其余可以参照本标准并按照有关规定执行。

2 规范性引用文件

下列文件对于本标准的应用是必不可少的。凡是注日期的引用文件，仅所注日期的版本适用于本标准。凡是不注日期的引用文件，其最新版本（包括所有的修改单）适用于本标准。

GB/T 148 印刷、书写和绘图纸幅面尺寸

GB 3100 国际单位制及其应用

GB 3101 有关量、单位和符号的一般原则

GB 3102（所有部分） 量和单位

GB/T 15834 标点符号用法

GB/T 15835 出版物上数字用法

3 术语和定义

下列术语和定义适用于本标准。

3.1

字 word

标示公文中横向距离的长度单位。在本标准中，一字指一个汉字宽度的距离。

3.2

行 line

标示公文中纵向距离的长度单位。在本标准中，一行指一个汉字的高

度加3号汉字高度的7/8的距离。

4 公文用纸主要技术指标

公文用纸一般使用纸张定量为$60g/m^2$ ~ $80g/m^2$的胶版印刷纸或复印纸。纸张白度80% ~90%，横向耐折度≥15次，不透明度≥85%，pH值为7.5 ~9.5。

5 公文用纸幅面尺寸及版面要求

5.1 幅面尺寸

公文用纸采用GB/T 148中规定的A4型纸，其成品幅面尺寸为：210mm×297mm。

5.2 版面

5.2.1 页边与版心尺寸

公文用纸天头（上白边）为37mm±1mm，公文用纸订口（左白边）为28mm±1mm，版心尺寸为156mm×225mm。

5.2.2 字体和字号

如无特殊说明，公文格式各要素一般用3号仿宋体字。特定情况可以作适当调整。

5.2.3 行数和字数

一般每面排22行，每行排28个字，并撑满版心。特定情况可以作适当调整。

5.2.4 文字的颜色

如无特殊说明，公文中文字的颜色均为黑色。

6 印制装订要求

6.1 制版要求

版面干净无底灰，字迹清楚无断划，尺寸标准，版心不斜，误差不超过1mm。

6.2 印刷要求

双面印刷，页码套正，两面误差不超过2mm。黑色油墨应当达到色谱所标BL100%，红色油墨应当达到色谱所标Y80%、M80%。印品着墨实、均匀；字面不花、不白、无断划。

6.3 装订要求

公文应当左侧装订，不掉页，两页页码之间误差不超过4mm，裁切后的成品尺寸允许误差±2mm，四角成90°，无毛茬或缺损。

骑马订或平订的公文应当：

a）订位为两钉外订眼距版面上下边缘各70mm处，允许误差±4mm；

b）无坏钉、漏钉、重钉，钉脚平伏牢固；

c）骑马订钉锯均订在折缝线上，平订钉锯与书脊间的距离为3mm～5mm。

包本装订公文的封皮（封面、书脊、封底）与书芯应吻合、包紧、包平、不脱落。

7 公文格式各要素编排规则

7.1 公文格式各要素的划分

本标准将版心内的公文格式各要素划分为版头、主体、版记三部分。公文首页红色分隔线以上的部分称为版头；公文首页红色分隔线（不含）以下、公文末页首条分隔线（不含）以上的部分称为主体；公文末页首条分隔线以下、末条分隔线以上的部分称为版记。

页码位于版心外。

7.2 版头

7.2.1 份号

如需标注份号，一般用6位3号阿拉伯数字，顶格编排在版心左上角第一行。

7.2.2 密级和保密期限

如需标注密级和保密期限，一般用3号黑体字，顶格编排在版心左上角第二行；保密期限中的数字用阿拉伯数字标注。

7.2.3 紧急程度

如需标注紧急程度，一般用3号黑体字，顶格编排在版心左上角；如需同时标注份号、密级和保密期限、紧急程度，按照份号、密级和保密期限、紧急程度的顺序自上而下分行排列。

7.2.4 发文机关标志

由发文机关全称或者规范化简称加“文件”二字组成，也可以使用发文机关全称或者规范化简称。

发文机关标志居中排布，上边缘至版心上边缘为35mm，推荐使用小标宋体字，颜色为红色，以醒目、美观、庄重为原则。

联合行文时，如需同时标注联署发文机关名称，一般应当将主办机关名称排列在前；如有“文件”二字，应当置于发文机关名称右侧，以联署发文机关名称为准上下居中排布。

7.2.5 发文字号

编排在发文机关标志下空二行位置，居中排布。年份、发文顺序号用阿拉伯数字标注；年份应标全称，用六角括号“〔 〕”括入；发文顺序号不加“第”字，不编虚位（即1不编为01），在阿拉伯数字后加“号”字。

上行文的发文字号居左空一字编排，与最后一个签发人姓名处在同一行。

7.2.6 签发人

由“签发人”三字加全角冒号和签发人姓名组成，居右空一字，编排在发文机关标志下空二行位置。“签发人”三字用3号仿宋体字，签发人姓名用3号楷体字。

如有多个签发人，签发人姓名按照发文机关的排列顺序从左到右、自上而下依次均匀编排，一般每行排两个姓名，回行时与上一行第一个签发人姓名对齐。

7.2.7 版头中的分隔线

发文字号之下4mm处居中印一条与版心等宽的红色分隔线。

7.3 主体

7.3.1 标题

一般用2号小标宋体字，编排于红色分隔线下空二行位置，分一行或多行居中排布；回行时，要做到词意完整，排列对称，长短适宜，间距恰当，标题排列应当使用梯形或菱形。

7.3.2 主送机关

编排于标题下空一行位置，居左顶格，回行时仍顶格，最后一个机关名称后标全角冒号。如主送机关名称过多导致公文首页不能显示正文时，应当将主送机关名称移至版记，标注方法见7.4.2。

7.3.3 正文

公文首页必须显示正文。一般用3号仿宋体字，编排于主送机关名称下一行，每个自然段左空二字，回行顶格。文中结构层次序数依次可以用“一、”“（一）”“1.”“（1）”标注；一般第一层用黑体字、第二层用楷体字、第三层和第四层用仿宋体字标注。

7.3.4 附件说明

如有附件，在正文下空一行左空二字编排“附件”二字，后标全角冒号和附件名称。如有多个附件，使用阿拉伯数字标注附件顺序号（如“附件：1. ×××××”）；附件名称后不加标点符号。附件名称较长需回行时，应当与上一行附件名称的首字对齐。

7.3.5 发文机关署名、成文日期和印章

7.3.5.1 加盖印章的公文

成文日期一般右空四字编排，印章用红色，不得出现空白印章。

单一机关行文时，一般在成文日期之上、以成文日期为准居中编排发文机关署名，印章端正、居中下压发文机关署名和成文日期，使发文机关署名和成文日期居印章中心偏下位置，印章顶端应当上距正文（或附件说明）一行之内。

联合行文时，一般将各发文机关署名按照发文机关顺序整齐排列在相应位置，并将印章一一对应、端正、居中下压发文机关署名，最后一个印章端正、居中下压发文机关署名和成文日期，印章之间排列整齐、互不相交或相切，每排印章两端不得超出版心，首排印章顶端应当上距正文（或附件说明）一行之内。

7.3.5.2 不加盖印章的公文

单一机关行文时，在正文（或附件说明）下空一行右空二字编排发文机关署名，在发文机关署名下一行编排成文日期，首字比发文机关署名首字右移二字，如成文日期长于发文机关署名，应当使成文日期右空二字编排，并相应增加发文机关署名右空字数。

联合行文时，应当先编排主办机关署名，其余发文机关署名依次向下编排。

7.3.5.3 加盖签发人签名章的公文

单一机关制发的公文加盖签发人签名章时，在正文（或附件说明）下空二行右空四字加盖签发人签名章，签名章左空二字标注签发人职务，以签名章为准上下居中排布。在签发人签名章下空一行右空四字编排成文日期。

联合行文时，应当先编排主办机关签发人职务、签名章，其余机关签发人职务、签名章依次向下编排，与主办机关签发人职务、签名章上下对齐；每行只编排一个机关的签发人职务、签名章；签发人职务应当标注全称。

签名章一般用红色。

7.3.5.4 成文日期中的数字

用阿拉伯数字将年、月、日标全，年份应标全称，月、日不编虚位（即1不编为01）。

7.3.5.5 特殊情况说明

当公文排版后所剩空白处不能容下印章或签发人签名章、成文日期

时，可以采取调整行距、字距的措施解决。

7.3.6 附注

如有附注，居左空二字加圆括号编排在成文日期下一行。

7.3.7 附件

附件应当另面编排，并在版记之前，与公文正文一起装订。“附件”二字及附件顺序号用3号黑体字顶格编排在版心左上角第一行。附件标题居中编排在版心第三行。附件顺序号和附件标题应当与附件说明的表述一致。附件格式要求同正文。

如附件与正文不能一起装订，应当在附件左上角第一行顶格编排公文的发文字号并在其后标注“附件”二字及附件顺序号。

7.4 版记

7.4.1 版记中的分隔线

版记中的分隔线与版心等宽，首条分隔线和末条分隔线用粗线（推荐高度为0.35mm），中间的分隔线用细线（推荐高度力0.25mm）。首条分隔线位于版记中第一个要素之上，末条分隔线与公文最后一面的版心下边缘重合。

7.4.2 抄送机关

如有抄送机关，一般用4号仿宋体字，在印发机关和印发日期之上一行、左右各空一字编排。“抄送”二字后加全角冒号和抄送机关名称，回行时与冒号后的首字对齐，最后一个抄送机关名称后标句号。

如需把主送机关移至版记，除将“抄送”二字改为“主送”外，编排方法同抄送机关。既有主送机关又有抄送机关时，应当将主送机关置于抄送机关之上一行，之间不加分隔线。

7.4.3 印发机关和印发日期

印发机关和印发日期一般用4号仿宋体字，编排在末条分隔线之上，印发机关左空一字，印发日期右空一字，用阿拉伯数字将年、月、日标全，年份应标全称，月、日不编虚位（即1不编为01），后加“印发”二字。

版记中如有其他要素，应当将其与印发机关和印发日期用一条细分隔线隔开。

7.5 页码

一般用4号半角宋体阿拉伯数字，编排在公文版心下边缘之下，数字左右各放一条一字线；一字线上距版心下边缘7mm。单页码居右空一字，双页码居左空一字。公文的版记页前有空白页的，空白页和版记页均不编排页码。公文的附件与正文一起装订时，页码应当连续编排。

8 公文中的横排表格

A4 纸型的表格横排时，页码位置与公文其他页码保持一致，单页码表头在订口一边，双页码表头在切口一边。

9 公文中计量单位、标点符号和数字的用法

公文中计量单位的用法应当符合 GB 3100、GB 3101 和 GB 3102（所有部分），标点符号的用法应当符合 GB/T 15834，数字用法应当符合 GB/T 15835。

10 公文的特定格式

10.1 信函格式

发文机关标志使用发文机关全称或者规范化简称，居中排布，上边缘至上页边为 30mm，推荐使用红色小标宋体字。联合行文时，使用主办机关标志。

发文机关标志下 4mm 处印一条红色双线（上粗下细），距下页边 20mm 处印一条红色双线（上细下粗），线长均为 170mm，居中排布。

如需标注份号、密级和保密期限、紧急程度，应当顶格居版心左边缘编排在第一条红色双线下，按照份号、密级和保密期限、紧急程度的顺序自上而下分行排列，第一个要素与该线的距离为 3 号汉字高度的 7/8。

发文字号顶格居版心右边缘编排在第一条红色双线下，与该线的距离为 3 号汉字高度的 7/8。

标题居中编排，与其上最后一个要素相距二行。

第二条红色双线上一行如有文字，与该线的距离为 3 号汉字高度的 7/8。

首页不显示页码。

版记不加印发机关和印发日期、分隔线，位于公文最后一面版心内最下方。

10.2 命令（令）格式

发文机关标志由发文机关全称加“命令”或“令”字组成，居中排布，上边缘至距心上边缘为 20mm，推荐使用红色小标宋体字。

发文机关标志下空二行居中编排令号，令号下空二行编排正文。

签发人职务、签名章和成文日期的编排见 7.3.5.3。

10.3 纪要格式

纪要标志由“×××××纪要”组成，居中排布，上边缘至版心上边缘为 35mm，推荐使用红色小标宋体字。

标注出席人员名单，一般用3号黑体字，在正文或附件说明下空一行左空二字编排“出席”二字，后标全角冒号，冒号后用3号仿宋体字标注出席人单位、姓名，回行时与冒号后的首字对齐。

标注请假和列席人员名单，除依次另起一行并将“出席”二字改为“请假”或“列席”外，编排方法同出席人员名单。

纪要格式可以根据实际制定。

11 式样

A4型公文用纸页边及版心尺寸见图1；公文首页版式见图2；联合行文公文首页版式1见图3；联合行文公文首页版式2见图4；公文末页版式1见图5；公文末页版式2见图6；联合行文公文末页版式1见图7；联合行文公文末页版式2见图8；附件说明页版式见图9；带附件公文末页版式见图10；信函格式首页版式见图11；命令（令）格式首页版式见图12。

附录三：

中华人民共和国国家标准 GB/T 15834—2011
标点符号用法

1 范围

本标准规定了现代汉语标点符号的用法。

本标准适用于汉语的书面语（包括汉语和外语混合排版时的汉语部分）。

2 术语和定义

下列术语和定义适用于本文件。

2.1

标点符号 punctuation

辅助文字记录语言的符号，是书面语的有机组成部分，用来表示语句的停顿、语气以及标示某些成分（主要是词语）的特定性质和作用。

注：数学符号、货币符号、校勘符号、辞书符号、注音符号等特殊领域的专门符号不属于标点符号。

2.2

句子 sentence

前后都有较大停顿、带有一定的语气和语调、表达相对完整意义的语言单位。

2.3

复句 complex sentence

由两个或多个在意义上有密切关系的分句组成的语言单位，包括简单复句（内部只有一层语义关系）和多重复句（内部包含多层语义关系）。

2.4

分句 clause

复句内两个或多个前后有停顿、表达相对完整意义、不带有句末语气和语调、有的前面可添加关联词语的语言单位。

2. 5

语段 expression

指语言片段，是对各种语言单位（如词、短语、句子、复句等）不做特别区分时的统称。

3 标点符号的种类

3. 1 点号

点号的作用是点断，主要表示停顿和语气。分为句末点号和句内点号。

3. 1. 1 句末点号

用于句末的点号，表示句末停顿和句子的语气。包括句号、问号、叹号。

3. 1.2 句内点号

用于句内的点号，表示句内各种不同性质的停顿。包括逗号、顿号、分号、冒号。

3.2 标号

标号的作用是标明，主要标示某些成分（主要是词语）的特定性质和作用。包括引号、括号、破折号、省略号、着重号、连接号、间隔号、书名号、专名号、分隔号。

4 标点符号的定义、形式和用法

4. 1 句号

4.1. 1 定义

句末点号的一种，主要表示句子的陈述语气。

4. 1.2 形式

句号的形式是“。”

4. 1.3 基本用法

4. 1.3.1 用于句子末尾，表示陈述语气。使用句号主要根据语段前后有较大停顿、带有陈述语气和语调，并不取决于句子的长短。

示例1：北京是中华人民共和国的首都。

示例2：（甲：咱们走着去吧？）乙：好。

4. 1.3.2 有时也可以表示较缓和的祈使语气和感叹语气。

示例1：请您稍等一下。

示例2：我不由地感到，这些普通劳动者也同样是很值得尊敬的。

4.2 问号

4.2.1 定义

句末点号的一种，主要表示句子的疑问语气。

4.2.2 形式

问号的形式是“？”。

4.2.3 基本用法

4.2.3.1 用于句子末尾，表示疑问语气（包括反问、设问等疑问类型）。使用问号主要根据语段前后有较大停顿、带有疑问语气和语调，并不取决于句子的长短。

示例1：你怎么还不回家去呢？

示例2：难道这些普通的战士不值得歌颂吗？

示例3：（一个外国人，不远万里来到中国，帮助中国的抗日战争。）这是什么精神？这是国际主义的精神。

4.2.3.2 选择问句中，通常只在最后一个选项的末尾用问号，各个选项之间一般用逗号隔开。当选项较短且选项之间几乎没有停顿时，选项之间可不用逗号。当选项较多或较长，或有意突出每个选项的独立性时，也可每个选项之后都用问号。

示例1：诗中记述的这场战争究竟是真实的历史描述，还是诗人的虚构？

示例2：这是巧合还是有意安排？

示例3：要一个什么样的结尾：现实主义的？传统的？大团圆的？荒诞的？民族形式的？有象征意义的？

示例4：（他看着我的作品称赞了我。）但到底是称赞我什么：是有几处画得好？还是什么都敢画？抑或只是一种对于失败者的无可奈何的安慰？我不得而知。

示例5：这一切都是由客观的条件造成的？还是由行为的惯性造成的？

4.2.3.3 在多个问句连用或表达疑问语气加重时，可叠用问号。通常应先单用，再叠用，最多叠用三个问号。在没有异常强烈的情感表达需要时不宜叠用问号。

示例：这就是你的做法吗？你这个总经理是怎么当的？？你怎么竟敢这样欺骗消费者？？？

4.2.3.4 问号也有标号的用法，即用于句内，表示存疑或不详。

示例1：马致远（1250？—1321），大都人，元代戏曲家、散曲家。

示例2：钟嵘（？—518），颍川长社人，南朝梁代文学批评家。

示例3：出现这样的文字错误，说明作者（编者？校者？）很不认真。

4.3　叹号

4.3.1　定义

句末点号的一种，主要表示句子的感叹语气。

4.3.2　形式

叹号的形式是“！”。

4.3.3　基本用法

4.3.3.1　用于句子末尾，主要表示感叹语气，有时也可表示强烈的祈使语气、反问语气等。使用叹号主要根据语段前后有较大停顿、带有感叹语气和语调或带有强烈的祈使、反问语气和语调，并不取决于句子的长短。

示例1：才一年不见，这孩子都长这么高啦！

示例2：你给我住嘴！

示例3：谁知道他今天是怎么搞的！

4.3.3.2　用于拟声词后，表示声音短促或突然。

示例1：咔嚓！一道闪电划破了夜空。

示例2：咚！咚咚！突然传来一阵急促的敲门声。

4.3.3.3　表示声音巨大或声音不断加大时，可叠用叹号；表达强烈语气时，也可叠用叹号，最多叠用三个叹号。在没有异常强烈的情感表达需要时不宜叠用叹号。

示例1：轰！！在这天崩地塌的声音中，女娲猛然醒来。

示例2：我要揭露！我要控诉！！我要以死抗争！！！

4.3.3.4　当句子包含疑问、感叹两种语气且都比较强烈时（如带有强烈感情的反问句和带有惊愕语气的疑问句），可在问号后再加叹号（问号、叹号各一）。

示例1：这么点困难就能把我们吓倒吗?!

示例2：他连这些最起码的常识都不懂，还敢说自己是高科技人材?!

4.4　逗号

4.4.1　定义

句内点号的一种，表示句子或语段内部的一般性停顿。

4.4.2　形式

逗号的形式是“，”。

4.4.3　基本用法

4.4.3.1　复句内各分句之间的停顿，除了有时用分号（见4.6.3.1），一般都用逗号。

示例1：不是人们的意识决定人们的存在，而是人们的社会存在决定人们的意识。

示例2：学历史使人更明智，学文学使人更聪慧，学数学使人更精细，学考古使人更深沉。

示例3：要是不相信我们的理论能反映现实，要是不相信我们的世界有内在和谐，那就不可能有科学。

4.4.3.2 用于下列各种语法位置：

a）较长的主语之后。

示例1：苏州园林建筑各种门窗的精美设计和雕镂功夫，都令人叹为观止。

b）句首的状语之后。

示例2：在苍茫的大海上，狂风卷集着乌云。

c）较长的宾语之前。

示例3：有的考古工作者认为，南方古猿生存于上新世至更新世的初期和中期。

d）带句内语气词的主语（或其他成分）之后，或带句内语气词的并列成分之间。

示例4：他呢，倒是很乐观地、全神贯注地干起来了。

示例5：（那是个没有月亮的夜晚。）可是整个村子——白房顶啦，白树木啦，雪堆啦，全看得见。

e）较长的主语中间、谓语中间和宾语中间。

示例6：母亲沉痛的诉说，以及亲眼看到的事实，都启发了我幼年时期追求真理的思想。

示例7：那姑娘头戴一顶草帽，身穿一条绿色的裙子，腰间还系着一根橙色的腰带。

示例8：必须懂得，对于文化传统，既不能不分青红皂白统统抛弃，也不能不管精华糟粕全盘继承。

f）前置的谓语之后或后置的状语、定语之前。

示例9：真美啊，这条蜿蜒的林间小路。

示例10：她吃力地站了起来，慢慢地。

示例11：我只是一个人，孤孤单单的。

4.4.3.3 用于下列各种停顿处：

a）复指成分或插说成分前后。

示例1：老张，就是原来的办公室主任，上星期已经调走了。

示例2：车，不用说，当然是头等。

b）语气缓和的感叹语、称谓语或呼唤语之后。

示例3：哎哟，这儿，快给我揉揉。

示例4：大娘，您到哪儿去啊？

示例5：喂，你是哪个单位的？

c）某些序次语（“第”字头、“其”字头及“首先”类序次语）之后。

示例6：为什么许多人都有长不大的感觉呢？原因有三：第一，父母总认为自己比孩子成熟；第二，父母总要以自己的标准来衡量孩子；第三，父母出于爱心而总不想让孩子在成长的过程中走弯路。

示例7：《玄秘塔碑》所以成为书法的范本，不外乎以下几方面的因素：其一，具有楷书点画、构体的典范性；其二，承上启下，成为唐楷的极致；其三，字如其人，爱人及字，柳公权高尚的书品、人品为后人所崇仰。

示例8：下面从三个方面讲讲语言的污染问题：首先，是特殊语言环境中的语言污染问题；其次，是滥用缩略语引起的语言污染问题；再次，是空话和废话引起的语言污染问题。

4.5　顿号

4.5.1　定义

句内点号的一种，表示语段中并列词语之间或某些序次语之后的停顿。

4.5.2　形式

顿号的形式是“、”。

4.5.3　基本用法

4.5.3.1　用于并列词语之间。

示例1：这里有自由、民主、平等、开放的风气和氛围。

示例2：造型科学、技艺精湛、气韵生动，是盛唐石雕的特色。

4.5.3.2　用于需要停顿的重复词语之间。

示例：他几次三番、几次三番地辩解着。

4.5.3.3　用于某些序次语（不带括号的汉字数字或“天干地支”类序次语）之后。

示例1：我准备讲两个问题，一、逻辑学是什么？二、怎样学好逻辑学？

示例2：风格的具体内容主要有以下四点：甲、题材；乙、用字；丙、表达；丁、色彩。

4.5.3.4 相邻或相近两数字连用表示概数通常不用顿号。若相邻两数字连用为缩略形式，宜用顿号。

示例1：飞机在6 000米高空水平飞行时，只能看到两侧八九公里和前方一二十公里范围内的地面。

示例2：这种凶猛的动物常常三五成群地外出觅食和活动。

示例3：农业是国民经济的基础，也是二、三产业的基础。

4.5.3.5 标有引号的并列成分之间、标有书名号的并列成分之间通常不用顿号。若有其他成分插在并列的引号之间或并列的书名号之间（如引语或书名号之后还有括注），宜用顿号。

示例1："日""月"构成"明"字。

示例2：店里挂着"顾客就是上帝""质量就是生命"等横幅。

示例3：《红楼梦》《三国演义》《西游记》《水浒传》，是我国长篇小说的四大名著。

示例4：李白的"白发三千丈"（《秋浦歌》）、"朝如青丝暮成雪"（《将进酒》）都是脍炙人口的诗句。

示例5：办公室里订有《人民日报》（海外版）、《光明日报》和《时代周刊》等报刊。

4.6 分号

4.6.1 定义

句内点号的一种，表示复句内部并列关系分句之间的停顿，以及非并列关系的多重复句中第一层分句之间的停顿。

4.6.2 形式

分号的形式是"；"。

4.6.3 基本用法

4.6.3.1 表示复句内部并列关系的分句（尤其当分句内部还有逗号时）之间的停顿。

示例1：语言文字的学习，就理解方面说，是得到一种知识；就运用方面说，是养成一种习惯。

示例2：内容有分量，尽管文章短小，也是有分量的；内容没有分量，即使写得再长也没有用。

4.6.3.2 表示非并列关系的多重复句中第一层分句（主要是选择、转折等关系）之间的停顿。

示例1：人还没看见，已经先听见歌声了；或者人已经转过山头望不见了，歌声还余音袅袅。

示例2：尽管人民革命的力量在开始时总是弱小的，所以总是受压的；但是由于革命的力量代表历史发展的方向，因此本质上又是不可战胜的。

示例3：不管一个人如何伟大，也总是生活在一定的环境和条件下；因此，个人的见解总难免带有某种局限性。

示例4：昨天夜里下了一场雨，以为可以凉快些；谁知没有凉快下来，反而更热了。

4.6.3.3　用于分项列举的各项之间。

示例：特聘教授的岗位职责为：一、讲授本学科的主干基础课程；二、主持本学科的重大科研项目；三、领导本学科的学术队伍建设；四、带领本学科赶超或保持世界先进水平。

4.7　冒号

4.7.1　定义

句内点号的一种，表示语段中提示下文或总结上文的停顿。

4.7.2　形式

冒号的形式是“：”。

4.7.3　基本用法

4.7.3.1　用于总说性或提示性词语（如“说”“例如”“证明”等）之后，表示提示下文。

示例1：北京紫禁城有四座城门：午门、神武门、东华门和西华门。

示例2：她高兴地说：“咱们去好好庆祝一下吧！”

示例3：小王笑着点了点头：“我就是这么想的。”

示例4：这一事实证明：人能创造环境，环境同样也能创造人。

4.7.3.2　表示总结上文。

示例：张华上了大学，李萍进了技校，我当了工人：我们都有美好的前途。

4.7.3.3　用在需要说明的词语之后，表示注释和说明。

示例1：（本市将举办首届大型书市。）主办单位：市文化局；承办单位：市图书进出口公司；时间：8月15日—20日；地点：市体育馆观众休息厅。

示例2：（做阅读理解题有两个办法。）办法之一：先读题干，再读原文，带着问题有针对性地读课文。办法之二：直接读原文，读完再做题，减少先入为主的干扰。

4.7.3.4　用于书信、讲话稿中称谓语或称呼语之后。

示例1：广平先生：……

示例2：同志们、朋友们：……

4.7.3.5　一个句子内部一般不应套用冒号。在列举式或条文式表述中，如不得不套用冒号时，宜另起段落来显示各个层次。

示例：第十条　遗产按照下列顺序继承：

第一顺序：配偶、子女、父母。

第二顺序：兄弟姐妹、祖父母、外祖父母。

4.8　引号

4.8.1　定义

标号的一种，标示语段中直接引用的内容或需要特别指出的成分。

4.8.2　形式

引号的形式有双引号"“”"和单引号"‘’"两种。左侧的为前引号，右侧的为后引号。

4.8.3　基本用法

4.8.3.1　标示语段中直接引用的内容。

示例：李白诗中就有“白发三千丈”这样极尽夸张的语句。

4.8.3.2　标示需要着重论述或强调的内容。

示例：这里所谓的“文”，并不是指文字，而是指文采。

4.8.3.3　标示语段中具有特殊含义而需要特别指出的成分，如别称、简称、反语等。

示例1：电视被称作“第九艺术”。

示例2：人类学上常把古人化石统称为尼安德特人，简称“尼人”。

示例3：有几个“慈祥”的老板把捡来的菜叶用盐浸浸就算作工友的菜肴。

4.8.3.4　当引号中还需要使用引号时，外面一层用双引号，里面一层用单引号。

示例：他问：“老师，‘七月流火’是什么意思？”

4.8.3.5　独立成段的引文如果只有一段，段首和段尾都用引号；不止一段时，每段开头仅用前引号，只在最后一段末尾用后引号。

示例：我曾在报纸上看到有人这样谈幸福：

“幸福是知道自己喜欢什么和不喜欢什么。……

“幸福是知道自己擅长什么和不擅长什么。……

“幸福是在正确的时间做了正确的选择。……”

4.8.3.6　在书写带月、日的事件、节日或其他特定意义的短语（含简称）时，通常只标引其中的月和日；需要突出和强调该事件或节日本身时，也可连同事件或节日一起标引。

示例1：“5·12”汶川大地震

示例2：“五四”以来的话剧，是我国戏剧中的新形式。

示例3：纪念“五四运动”90周年

4.9　括号

4.9.1　定义

标号的一种，标示语段中的注释内容、补充说明或其他特定意义的语句。

4.9.2　形式

括号的主要形式是圆括号“（　）”，其他形式还有方括号“［　］”、六角括号“〔　〕”和方头括号“【　】”等。

4.9.3　基本用法

4.9.3.1　下列各种情况，均用圆括号：

a）标示注释内容或补充说明。

示例1：我校拥有特级教师（含已退休的）17人。

示例2：我们不但善于破坏一个旧世界，我们还将善于建设一个新世界！（热烈鼓掌）

b）标示订正或补加的文字。

示例3：信纸上用稚嫩的字体写着“阿夷（姨），你好！”。

示例4：该建筑公司负责的建设工程全部达到优良工程（的标准）。

c）标示序次语。

示例5：语言有三个要素：（1）声音；（2）结构；（3）意义。

示例6：思想有三个条件：（一）事理；（二）心理；（三）伦理。

d）标示引语的出处。

示例7：他说得好：“未画之前，不立一格；既画之后，不留一格。”（《板桥集·题画》）

e）标示汉语拼音注音。

示例8：“的（de）”这个字在现代汉语中最常用。

4.9.3.2　标示作者国籍或所属朝代时，可用方括号或六角括号。

示例1：［英］赫胥黎《进化论与伦理学》

示例2：〔唐〕杜甫著

4.9.3.3　报刊标示电讯、报道的开头，可用方头括号。

示例：【新华社南京消息】

4.9.3.4　标示公文发文字号中的发文年份时，可用六角括号。

示例：国发〔2011〕3号文件

4.9.3.5　标示被注释的词语时，可用六角括号或方头括号。

示例1：〔奇观〕奇伟的景象。

示例2：【爱因斯坦】物理学家。生于德国，1933年因受纳粹政权迫害，移居美国。

4.9.3.6　除科技书刊中的数学、逻辑公式外，所有括号（特别是同一形式的括号）应尽量避免套用。必须套用括号时，宜采用不同的括号形式配合使用。

示例：〔茸（róng）毛〕很细很细的毛。

4.10　破折号

4.10.1　定义

标号的一种，标示语段中某些成分的注释、补充说明或语音、意义的变化。

4.10.2　形式

破折号的形式是“——”。

4.10.3　基本用法

4.10.3.1　标示注释内容或补充说明（也可用括号，见4.9.3.1；二者的区别另见B.1.7）。

示例1：一个矮小而结实的日本中年人——内山老板走了过来。

示例2：我一直坚持读书，想借此唤起弟妹对生活的希望——无论环境多么困难。

4.10.3.2　标示插入语（也可用逗号，见4.4.3.3）。

示例：这简直就是——说得不客气点——无耻的勾当！

4.10.3.3　标示总结上文或提示下文（也可用冒号，见4.7.3.1）。

示例1：坚强，纯洁，严于律已，客观公正——这一切都难得地集中在一个人身上。

示例2：画家开始娓娓道来——

数年前的一个寒冬，……

4.10.3.4　标示话题的转换。

示例：“好香的干菜，——听到风声了吗？”赵七爷低声说道。

4.10.3.5　标示声音的延长。

示例：“嘎——”传过来一声水禽被惊动的鸣叫。

4.10.3.6　标示话语的中断或间隔。

示例1：“班长他牺——”小马话没说完就大哭起来。

示例2：“亲爱的妈妈，你不知道我多爱您。——还有你，我的孩子！”

4.10.3.7　标示引出对话。

示例：——你长大后想成为科学家吗？

——当然想了！

4.10.3.8　标示事项列举分承。

示例：根据研究对象的不同，环境物理学分为以下五个分支学科：

——环境声学；

——环境光学；

——环境热学；

——环境电磁学；

——环境空气动力学。

4.10.3.9　用于副标题之前。

示例：飞向太平洋

——我国新型号运载火箭发射目击记

4.10.3.10　用于引文、注文后，标示作者、出处或注释者。

示例1：先天下之忧而忧，后天下之乐而乐。

——范仲淹

示例2：乐浪海中有倭人，分为百余国。

——《汉书》

示例3：很多人写好信后把信笺折成方胜形，我看大可不必。（方胜，指古代妇女戴的方形首饰，用彩绸等制作，由两个斜方部分叠合而成。——编者注）

4.11　**省略号**

4.11.1　**定义**

标号的一种，标示语段中某些内容的省略及意义的断续等。

4.11.2　**形式**

省略号的形式是“……”。

4.11.3　**基本用法**

4.11.3.1　标示引文的省略。

示例：我们齐声朗诵起来：“……俱往矣，数风流人物，还看今朝。”

4.11.3.2　标示列举或重复词语的省略。

示例1：对政治的敏感，对生活的敏感，对性格的敏感，……这都是作家必须要有的素质。

示例2：他气得连声说："好，好……算我没说。"

4.11.3.3 标示语意未尽。

示例1：在人迹罕至的深山密林里，假如突然看见一缕炊烟，……

示例2：你这样干，未免太……！

4.11.3.4 标示说话时断断续续。

示例：她磕磕巴巴地说："可是……太太……我不知道……你一定是认错了。"

4.11.3.5 标示对话中的沉默不语。

示例："还没结婚吧？"

"……"他飞红了脸，更加忸怩起来。

4.11.3.6 标示特定的成分虚缺。

示例：只要……就……

4.11.3.7 在标示诗行、段落的省略时，可连用两个省略号（即相当于十二连点）。

示例1：从隔壁房间传来缓缓而抑扬顿挫的吟咏声——

床前明月光，疑是地上霜。

…………

示例2：该刊根据工作质量、上稿数量、参与程度等方面的表现，评选出了高校十佳记者站。还根据发稿数量、提供新闻线索情况以及对刊物的关注度等，评选出了十佳通讯员。

…………

4.12 着重号

4.12.1 定义

标号的一种，标示语段中某些重要的或需要指明的文字。

4.12.2 形式

着重号的形式是"."标注在相应文字的下方。

4.12.3 基本用法

4.12.3.1 标示语段中重要的文字。

示例1：诗人需要表现，而不是证明。

示例2：下面对本文的理解，不正确的一项是：……

4.12.3.2 标示语段中需要指明的文字。

示例：下边加点的字，除了在词中的读法外，还有哪些读法？

着急　子弹　强调

4.13 连接号

4.13.1 定义

标号的一种，标示某些相关联成分之间的连接。

4.13.2 形式

连接号的形式有短横线“-”、一字线“—”和浪纹线“~”三种。

4.13.3 基本用法

4.13.3.1 标示下列各种情况，均用短横线。

a）化合物的名称或表格、插图的编号。

示例1：3-戊酮为无色液体，对眼及皮肤有强烈刺激性。

示例2：参见下页表2-8、表2-9。

b）连接号码，包括门牌号码、电话号码，以及用阿拉伯数字表示年月日等。

示例3：安宁里东路26号院3-2-11室

示例4：联系电话：010-88842603

示例5：2011-02-15

c）在复合名词中起连接作用。

示例6：吐鲁番-哈密盆地

d）某些产品的名称和型号。

示例7：WZ-10直升机具有复杂天气和夜间作战的能力。

e）汉语拼音、外来语内部的分合。

示例8：shuōshuō-xiàoxiào（说说笑笑）

示例9：盎格鲁-撒克逊人

示例10：让-雅克·卢梭（“让-雅克”为双名）

示例11：皮埃尔·孟戴斯-弗朗斯（“孟戴斯-弗朗斯”为复姓）

4.13.3.2 标示下列各种情况，一般用一字线，有时也可用浪纹线。

a）标示相关项目（如时间、地域等）的起止。

示例1：沈括（1031—1095），宋朝人。

示例2：2011年2月3日—10日

示例3：北京—上海特别旅客快车

b）标示数值范围（由阿拉伯数字或汉字数字构成）的起止。

示例4：25~30 g

示例5：第五~八课

4.14 间隔号

4.14.1 定义

标号的一种，标示某些相关联成分之间的分界。

4.14.2 形式

间隔号的形式是“·”。

4.14.3 基本用法

4.14.3.1 标示外国人名或少数民族人名内部的分界。

示例1：克里丝蒂娜·罗塞蒂

示例2：阿依古丽·买买提

4.14.3.2 标示书名与篇（章、卷）名之间的分界。

示例：《淮南子·本经训》

4.14.3.3 标示词牌、曲牌、诗体名等和题名之间的分界。

示例1：《沁园春·雪》

示例2：《天净沙·秋思》

示例3：《七律·冬云》

4.14.3.4 用在构成标题或栏目名称的并列词语之间。

示例：《天·地·人》

4.14.3.5 以月、日为标志的事件或节日，用汉字数字表示时，只在一、十一和十二月后用间隔号；当直接用阿拉伯数字表示时，月、日之间均用间隔号（半角字符）。

示例1：“九一八”事变　“五四”运动

示例2：“一·二八”事变　“一二·九”运动

示例3：“3·15”消费者权益日　“9·11”恐怖袭击事件

4.15 书名号

4.15.1 定义

标号的一种，标示语段中出现的各种作品的名称。

4.15.2 形式

书名号的形式有双书名号“《　》”和单书名号“〈　〉”两种。

4.15.3 基本用法

4.15.3.1 标示书名、卷名、篇名、刊物名、报纸名、文件名等。

示例1：《红楼梦》（书名）

示例2：《史记·项羽本记》（卷名）

示例3：《论雷峰塔的倒掉》（篇名）

示例4：《每周关注》（刊物名）

示例5：《人民日报》（报纸名）

示例6：《全国农村工作会议纪要》（文件名）

4.15.3.2　标示电影、电视、音乐、诗歌、雕塑等各类用文字、声音、图像等表现的作品的名称。

示例1：《渔光曲》（电影名）

示例2：《追梦录》（电视剧名）

示例3：《勿忘我》（歌曲名）

示例4：《沁园春·雪》（诗词名）

示例5：《东方欲晓》（雕塑名）

示例6：《光与影》（电视节目名）

示例7：《社会广角镜》（栏目名）

示例8：《庄子研究文献数据库》（光盘名）

示例9：《植物生理学系列挂图》（图片名）

4.15.3.3　标示全中文或中文在名称中占主导地位的软件名。

示例：科研人员正在研制《电脑卫士》杀毒软件。

4.15.3.4　标示作品名的简称。

示例：我读了《念青唐古拉山脉纪行》一文（以下简称《念》），收获很大。

4.15.3.5　当书名号中还需要书名号时，里面一层用单书名号，外面一层用双书名号。

示例：《教育部关于提请审议〈高等教育自学考试试行办法〉的报告》

4.16　专名号

4.16.1　定义

标号的一种，标示古籍和某些文史类著作中出现的特定类专有名词。

4.16.2　形式

专名号的形式是一条直线，标注在相应文字的下方。

4.16.3　基本用法

4.16.3.1　标示古籍、古籍引文或某些文史类著作中出现的专有名词，主要包括人名、地名、国名、民族名、朝代名、年号、宗教名、官署名、组织名等。

示例1：孙坚人马被刘表率军围得水泄不通。（人名）

示例2：于是聚集冀、青、幽、并四州兵马七十多万准备决一死战。（地名）

示例3：当时乌孙及西域各国都向汉派遣了使节。（国名、朝代名）

示例4：从咸宁二年到太康十年，匈奴、鲜卑、乌桓等族人徙居塞内。（年号、民族名）

4.16.3.2　现代汉语文本中的上述专有名词，以及古籍和现代文本中的单位名、官职名、事件名、会议名、书名等不应使用专名号。必须使用标号标示时，宜使用其他相应标号（如引号、书名号等）。

4.17　分隔号

4.17.1　定义

标号的一种，标示诗行、节拍及某些相关文字的分隔。

4.17.2　形式

分隔号的形式是“/”。

4.17.3　基本用法

4.17.3.1　诗歌接排时分隔诗行（也可使用逗号和分号，见4.4.3.1/4.6.3.1）。

示例：春眠不觉晓/处处闻啼鸟/夜来风雨声/花落知多少。

4.17.3.2　标示诗文中的音节节拍。

示例：横眉/冷对/千夫指，俯首/甘为/孺子牛。

4.17.3.3　分隔供选择或可转换的两项，表示“或”。

示例：动词短语中除了作为主体成分的述语动词之外，还包括述语动词所带的宾语和/或补语。

4.17.3.4　分隔组成一对的两项，表示“和”。

示例1：13/14次特别快车

示例2：羽毛球女双决赛中国组合杜婧/于洋两局完胜韩国名将李孝贞/李敬元。

4.17.3.5　分隔层级或类别。

示例：我国的行政区划分为：省（直辖市、自治区）/省辖市（地级市）/县（县级市、区、自治州）/乡（镇）/村（居委会）。

5　标点符号的位置和书写形式

5.1　横行文稿标点符号的位置和书写形式

5.1.1　句号、逗号、顿号、分号、冒号均置于相应文字之后，占一个字位置，居左下，不出现在一行之首。

5.1.2　问号、叹号均置于相应文字之后，占一个字位置，居左，不出现在一行之首。两个问号（或叹号）叠用时，占一个字位置；三个问号（或叹号）叠用时，占两个字位置；问号和叹号连用时，占一个字位置。

5.1.3　引号、括号、书名号中的两部分标在相应项目的两端，各占一个字位置。其中前一半不出现在一行之末，后一半不出现在一行之首。

5.1.4　破折号标在相应项目之间，占两个字位置，上下居中，不能中间断开分处上行之末和下行之首。

5.1.5　省略号占两个字位置，两个省略号连用时占四个字位置并须单独占一行。省略号不能中间断开分处上行之末和下行之首。

5.1.6　连接号中的短横线比汉字“一”略短，占半个字位置；一字线比汉字“一”略长，占一个字位置；浪纹线占一个字位置。连接号上下居中，不出现在一行之首。

5.1.7　间隔号标在需要隔开的项目之间，占半个字位置，上下居中，不出现在一行之首。

5.1.8　着重号和专名号标在相应文字的下边。

5.1.9　分隔号占半个字位置，不出现在一行之首或一行之末。

5.1.10　标点符号排在一行末尾时，若为全角字符则应占半角字符的宽度（即半个字位置），以使视觉效果更美观。

5.1.11　在实际编辑出版工作中，为排版美观、方便阅读等需要，或为避免某一小节最后一个汉字转行或出现在另外一页开头等情况（浪费版面及视觉效果差），可适当压缩标点符号所占用的空间。

5.2　竖排文稿标点符号的位置和书写形式

5.2.1　句号、问号、叹号、逗号、顿号、分号和冒号均置于相应文字之下偏右。

5.2.2　破折号、省略号、连接号、间隔号和分隔号置于相应文字之下居中，上下方向排列。

5.2.3　引号改用双引号“﹃”“﹄”和单引号“﹁”“﹂”，括号改用“︵”“︶”，标在相应项目的上下。

5.2.4　竖排文稿中使用浪线式书名号“﹏”，标在相应文字的左侧。

5.2.5　着重号标在相应文字的右侧，专名号标在相应文字的左侧。

5.2.6　横行文稿中关于某些标点不能居行首或行末的要求，同样适用于竖排文稿。

附录四：

中华人民共和国国家标准 GB/T 15835—2011
出版物上数字用法

1 范围

本标准规定了出版物上汉字数字和阿拉伯数字的用法。

本标准适用于各类出版物（文艺类出版物和重排古籍除外）。政府和企事业单位公文，以及教育、媒体和公共服务领域的数字用法，也可参照本标准执行。

2 规范性引用文件

下列文件对于本文件的应用是必不可少的。凡是注日期的引用文件，仅注日期的版本适用于本文件。凡是不注日期的引用文件，其最新版本（包括所有的修改单）适用于本文件。

GB/T 7408-2005 数据元和交换格式 信息交换 日期和时间表示法

3 术语和定义

下列术语和定义适用于本文件。

3.1

计量 measuring

将数字用于加、减、乘、除等数学运算。

3.2

编号 numbering

将数字用于为事物命名或排序，但不用于数学运算。

3.3

概数 approximate number

用于模糊计量的数字。

4 数字形式的选用

4.1 选用阿拉伯数字

4.1.1 用于计量的数字

在使用数字进行计量的场合，为达到醒目、易于辨识的效果，应采用阿拉伯数字。

示例1： −125.03　34.05%　63%～68%　1:500　97/108

当数值伴随有计量单位时，如：长度、容积、面积、体积、质量、温度、经纬度、音量、频率等等，特别是当计量单位以字母表达时，应采用阿拉伯数字。

示例2： 523.56 km（523.56 千米）　346.87 L（346.87 升）
5.34 m^2（5.34 平方米）　567 mm^3（567 立方毫米）
605 g（605 克）　100～150 kg（100～150 千克）
34～39 ℃（34～39 摄氏度）　北纬40°（40度）
120 dB（120 分贝）

4.1.2　用于编号的数字

在使用数字进行编号的场合，为达到醒目，易于辨识的效果，应采用阿拉伯数字。

示例： 电话号码：98888
邮政编码：100871
通信地址：北京市海淀区复兴路11号
电子邮件地址：x186@186.net
网页地址：http://127.0.0.1
汽车号牌：京A00001
公交车号：302路公交车
道路编号：101国道
公文编号：国办发〔1987〕9号
图书编号：ISBN 978−7−80184−224−4
刊物编号：CN11−1399
章节编号：4.1.2
产品型号：PH−3000型计算机
产品序列号：C84XB−JYVFD−P7HC4−6XKRJ−7M6XH
单位注册号：02050214
行政许可登记编号：0684D10004−828

4.1.3　已定型的含阿拉伯数字的词语

现代社会生活中出现的事物、现象、事件，其名称的书写形式中包含阿拉伯数字，已经广泛使用而稳定下来，应采用阿拉伯数字。

示例： 3G手机　MP3播放器　G8峰会　维生素B_{12}　97号汽油
“5·27”事件　“12·5”枪击案

4.2 选用汉字数字

4.2.1 非公历纪年

干支纪年、农历月日、历史朝代纪年及其他传统上采用汉字形式的非公历纪年等等，应采用汉字数字。

示例： 丙寅年十月十五日　庚辰年八月五日　腊月二十三　正月初五
八月十五中秋　秦文公四十四年
太平天国庚申十年九月二十四日　清咸丰十年九月二十日
藏历阳木龙年八月二十六日　日本庆应三年

4.2.2 概数

数字连用表示的概数、含"几"的概数，应采用汉字数字。

示例： 三四个月　一二十个　四十五六岁　五六万套　五六十年前
几千　二十几　一百几十　几万分之一

4.2.3 已定型的含汉字数字的词语

汉语中长期使用已经稳定下来的包含汉字数字形式的词语，应采用汉字数字。

示例： 万一　一律　一旦　三叶虫　四书五经　星期五　四氧化三铁
八国联军　七上八下　一心一意　不管三七二十一　一方面
二百五　半斤八两　五省一市　五讲四美　相差十万八千里
八九不离十　白发三千丈　不二法门　二八年华　五四运动
"一·二八"事变　"一二·九"运动

4.3 选用阿拉伯数字与汉字数字均可

如果表达计量或编号所需要用到的数字个数不多，选择汉字数字还是阿拉伯数字在书写的简洁性和辨识的清晰性两方面没有明显差异时，两种形式均可使用。

示例 1： 17 号楼（十七号楼）　3 倍（三倍）
第 5 个工作日（第五个工作日）
100 多件（一百多件）　20 余次（二十余次）
约 300 人（约三百人）
40 左右（四十左右）　50 上下（五十上下）
50 多人（五十多人）
第 25 页（第二十五页）　第 8 天（第八天）
第 4 季度（第四季度）
第 45 份（第四十五份）
共 235 位同学（共二百三十五位同学）　0.5（零点五）

76 岁（七十六岁）　　120 周年（一百二十周年）
1/3（三分之一）
公元前 8 世纪（公元前八世纪）
20 世纪 80 年代（二十世纪八十年代）
公元 253 年（公元二五三年）
1997 年 7 月 1 日（一九九七年七月一日）
下午 4 点 40 分（下午四点四十分）
4 个月（四个月）　　12 天（十二天）

如果要突出简洁醒目的表达效果，应使用阿拉伯数字；如果要突出庄重典雅的表达效果，应使用汉字数字。

示例 2： 北京时间 2008 年 5 月 12 日 14 时 28 分
十一届全国人大一次会议（不写为“11 届全国人大 1 次会议”）
六方会谈（不写为“6 方会谈”）

在同一场合出现的数字，应遵循“同类别同形式”原则来选择数字的书写形式。如果两数字的表达功能类别相同（比如都是表达年月日时间的数字），或者两数字在上下文中所处的层级相同（比如文章目录中同级标题的编号），应选用相同的形式。反之，如果两数字的表达功能不同，或所处层级不同，可以选用不同的形式。

示例 3： 2008 年 8 月 8 日　二〇〇八年八月八日（不写为“二〇〇八年 8 月 8 日”）
第一章　第二章……第十二章（不写为“第一章　第二章……第 12 章”）
第二章的下一级标题可以用阿拉伯数字编号：2.1，2.2，……
应避免相邻的两个阿拉伯数字造成歧义的情况。

示例 4： 高三 3 个班　高三三个班（不写为“高 33 个班”）
高三 2 班　高三（2）班　（不写为“高 32 班”）

有法律效力的文件、公告文件或财务文件中可同时采用汉字数字和阿拉伯数字。

示例 5： 2008 年 4 月保险账户结算日利率为万分之一点五七五零（0.015750%）
35.5 元（35 元 5 角　三十五元五角　叁拾伍圆伍角）

5 数字形式的使用

5.1 阿拉伯数字的使用

5.1.1 多位数

为便于阅读，四位以上的整数或小数，可采用以下两种方式分节：

——第一种方式：千分撇

整数部分每三位一组，以“,”分节。小数部分不分节。四位以内的整数可以不分节。

示例1：624,000　92,300,000　19,351,235.235767　1256

——第二种方式：千分空

从小数点起，向左和向右每三位数字一组，组间空四分之一个汉字，即二分之一个阿拉伯数字的位置。四位以内的整数可以不加千分空。

示例2：55 235 367.346 23　　98 235 358.238 368

注：各科学技术领域的多位数分节方式参照 GB 3101－1993 的规定执行。

5.1.2 纯小数

纯小数必须写出小数点前定位的“0”，小数点是齐阿拉伯数字底线的实心点“.”。

示例：0.46 不写为 .46 或 0。46

5.1.3 数值范围

在表示数值的范围时，可采用浪纹式连接号“～”或一字线连接号“—”。前后两个数值的附加符号或计量单位相同时，在不造成歧义的情况下，前一个数值的附加符号或计量单位可省略。如果省略数值的附加符号或计量单位会造成歧义，则不应省略。

示例：－36～－8℃　400－429 页　100－150kg　12 500～20 000 元

9 亿～16 亿（不写为 9～16 亿）

13 万元～17 万元（不写为 13～17 万元）

15%～30%（不写为 15～30%）

$4.3\times10^6\sim5.7\times10^6$（不写为 $4.3\sim5.7\times10^6$）

5.1.4 年月日

年月日的表达顺序应按照口语中年月日的自然顺序书写。

示例1：2008 年 8 月 8 日　1997 年 7 月 1 日

“年”“月”可按照 GB/T 7408－2005 的 5.2.1.1 中的扩展格式，用“－”替代，但年月日不完整时不能替代。

示例2：2008－8－8　1997－7－1　8 月 8 日（不写为 8－8）

2008 年 8 月（不写为 2008－8）

四位数字表示的年份不应简写为两位数字。

示例 3：“1990 年”不写为“90 年”

月和日是一位数时，可在数字前补“0”。

示例 4：2008－08－08　1997－07－01

5.1.5　时分秒

计时方式既可采用 12 小时制，也可采用 24 小时制。

示例 1：11 时 40 分（上午 11 时 40 分）

21 时 12 分 36 秒（晚上 9 时 12 分 36 秒）

时分秒的表达顺序应按照口语中时、分、秒的自然顺序书写。

示例 2：15 时 40 分　14 时 12 分 36 秒

“时”“分”也可按照 GB/T 7408－2005 的 5.3.1.1 和 5.3.1.2 中的扩展格式，用“:”替代。

示例 3：15：40　14：12：36

5.1.6　含有月日的专名

含有月日的专名采用阿拉伯数字表示时，应采用间隔号“·”将月、日分开，并在数字前后加引号。

示例：“3·15”消费者权益日

5.1.7　书写格式

5.1.7.1　字体

出版物中的阿拉伯数字，一般应使用正体二分字身，即占半个汉字位置。

示例：234　　　57.236

5.1.7.2　换行

一个用阿拉伯数字书写的数值应在同一行中，避免被断开。

5.1.7.3　竖排文本中的数字方向

竖排文字中的阿拉伯数字按顺时针方向转 90 度。旋转后要保证同一个词语单位的文字方向相同。

示例：

示例一

雪花牌BCD 188型家用电冰箱容量是一百八十八升，功率为一百二十五瓦，市场售价两千零五十元，返修率仅为百分之零点一五。

示例二

海军J12号打捞救生船在太平洋上航行了十三天，于一九九〇年八月六日零时三十分返回基地。

5.2 汉字数字的使用

5.2.1 概数

两个数字连用表示概数时，两数之间不用顿号“、”隔开。

示例：二三米　一两个小时　三五天　一二十个　四十五六岁

5.2.2 年份

年份简写后的数字可以理解为概数时，一般不简写。

示例：“一九七八年”不写为“七八年”

5.2.3 含有月日的专名

含有月日的专名采用汉字数字表示时，如果涉及一月、十一月、十二月，应用间隔号“·”将表示月和日的数字隔开，涉及其他月份时，不用间隔号。

示例：“一·二八”事变　“一二·九”运动　五一国际劳动节

5.2.4 大写汉字数字

——大写汉字数字的书写形式

零、壹、贰、叁、肆、伍、陆、柒、捌、玖、拾、佰、仟、万、亿

——大写汉字数字的适用场合

法律文书和财务票据上，应采用大写汉字数字形式记数。

示例：3,504元（叁仟伍佰零肆圆）

39,148元（叁万玖仟壹佰肆拾捌圆）

5.2.5 “零”和“○”

阿拉伯数字“0”有“零”和“○”两种汉字书写形式。一个数字用作计量时，其中“0”的汉字书写形式为“零”，用作编号时，“0”的汉字书写形式为“○”。

示例：“3052（个）”的汉字数字形式为“三千零五十二”（不写为“三千○五十二”）

“95.06”的汉字数字形式为“九十五点零六”（不写为“九十五点○六”）

“公元2012（年）”的汉字数字形式为“二○一二”（不写为“二零一二”）

5.3 阿拉伯数字与汉字数字同时使用

如果一个数值很大，数值中的“万”“亿”单位可以采用汉字数字，其余部分采用阿拉伯数字。

示例1：我国1982年人口普查人数为10亿零817万5 288人

除上面情况之外的一般数值，不能同时采用阿拉伯数字与汉字数字

示例2：108可以写作“一百零八”，但不应写作“1百零8”“一百08”

4 000可以写作“四千”，但不应写作“4千”。